수십만 독자의 인생을 바꾼 천재멘토 김열방과
천재작가들의 감동적인 스토리와 깨달음

크게
생각하라

"문제가 생기면 백배로 크게 생각하라.
몸과 마음이 불편해도 일을 시작하고 끝내라.
어떤 일이든 끝을 봐야 성과물이 있다.
해도 해도 안 되면 끝에서부터 시작하라.
그러면 닫혔던 문이 다 열린다."

김열방 김경란 김회식
신미화 최현주 지음

날개미디어

[목차]

크게 생각하라. 1부 / 김열방
끝에서부터 시작하면 성공한다 / 11

크게 생각하라. 2부 / 김경란

받았다는 믿음으로 크게 생각하라 / 53

크게 생각하라. 3부 / 김회식
다 이루었다는 믿음으로 시작하라 / 149

"문제를 해결하려면 백배로 크게 생각하라."

당신은 평소에 얼마나 크게 생각하고 있습니까?

나는 문제에 부딪힐 때 백배로 크게 생각하려고 노력합니다.

당신도 지금 겪고 있는 문제들에 대해 백배로 크게 생각하면 저절로 쉽게 해결됩니다. 루스벨트 대통령의 부인인 엘리너 루스벨트는 크게 생각하고 큰일을 시도하라고 말했습니다.

"자신이 할 수 없을 거라고 생각하는 일들을 해야만 한다."

그러려면 당신이 생각할 수 있는 최대한으로 크게 생각해야 하는데 어떻게 그것이 가능할까요? 세상에서 가장 크게 생각하는 사업가와 사귀면 됩니다. 그분이 누구일까요?

바로 하나님이십니다. 하나님은 신이요 크신 분입니다. 그렇다면 신의 아들인 당신도 크게 생각해야 합니다. 신처럼 크게 생각하는 것부터 시작해야 크게 성공하게 됩니다. 당신도 이 책을 통해 신을 만나고 신의 음성을 들으십시오. 그러면 크게 생각하게 되고 큰일을 저지르게 됩니다.

나는 지금까지 신의 음성을 듣고 큰일을 저지르고 많이 일을 해냈습니다. 나는 그분을 믿고 사랑했습니다. 그로 인해 내 인생이 완전히 바뀌었습니다. 그분은 내게 보통 사람이 상상조차 할 수 없는 초자연적인 지혜와 재능을 나타내셨습니다.

나는 20세부터 지금까지 25년간 전국과 세계를 다니며 강연했고 29세부터 지금까지 700권을 저술했습니다. 책과 신문, 텔레비전과 라디오, 잡지와 전도지, 부흥회와 세미나 등을 통해 지금까지 2억 명에게 복음을 전했습니다.

또한 여호와를 경외하는 현숙한 여인과 결혼하여 아들 둘 딸 둘 네 명의 자녀를 낳아 하나님의 사람으로 잘 양육했고 사업과 자산을 통해 억대 수입을 올려 내가 원하는 넓은 집과 삼각별이 달린 벤츠를 샀습니다. 낱낱이 다 말하자면 끝도 없습니다.

나는 지금까지 내가 꿈꾼 대로 다 이루어졌습니다. 당신도 이 책을 통해 큰 꿈을 꾸고 크게 생각하게 될 것입니다. 지금까지 이루어진 것은 내가 진짜 꿈꾸는 것의 백분의 일도 안 됩니다.

프랑스의 시인이자 소설가이고 극작가인 빅토르 위고(Victor Hugo, 1802~1885)는 말하기를 "작은 꿈은 꾸지도 말라. 그것은 인간의 영혼을 움직이지 못한다"고 했습니다. 당신은 당신 자신과 수많은 영혼들을 움직이는 아주 큰 꿈을 꾸어야 합니다.

나는 아파트 100채와 빌딩 100채를 살 것입니다. 거기에서 나오는 수입으로 전 세계를 다니며 한 번에 수백만 명씩 모아 놓고 예수 그리스도 복음을 전하는 전도 집회를 열 것입니다. 그리고 일간 신문사와 라디오, 텔레비전 방송국을 인수할 것입니다.

지금은 100세 시대라고들 합니다. 나는 120세 아니 200세까지 건강하고 부요하게 살 것입니다. 인생은 50세에 은퇴했다고 생각처럼 금방 병들어 죽는 것이 아닙니다. 더 오래 삽니다.

지난 인생도 소중했지만 앞으로 살아갈 인생은 더욱 소중합니다. 그러므로 다시 30년, 50년, 100년을 내다보며 큰 꿈을 꾸고 크게 생각하고 크게 저질러야 합니다. 돈이 없다고요?

믿음만 있으면 돈은 얼마든지 만들 수 있습니다.

나는 지금까지 '믿음의 은사'로 모든 일을 진행했고 내가 원하는 성과물을 다 얻었습니다. 당신에게도 하나님이 주신 큰 믿음이 있습니다. 믿음만 있으면 두려울 것이 없습니다.

　믿음만 있으면 당신도 빈손으로 빌딩을 지어 올릴 수도 있고 땅과 집을 살 수도 있고 책을 쓸 수도 있고 강연할 수도 있습니다. 하루에 1억, 10억, 100억을 벌수도 있습니다. 믿음만 있으면 병이 낫고 건강하게 장수하게 됩니다. 믿음만 있으면 아름다운 여인과 결혼하여 많은 자녀를 낳아 기르며 천국같이 행복한 가정을 이룰 수 있습니다. 믿음만 있으면 꿈이 다 이루어집니다.

　내가 그렇게 살았습니다. 당신도 다시 믿음을 가지십시오.

　인생은 꿈대로 믿음대로 다 됩니다.

2015년 7월 17일
천재멘토 김열방

"But he shall receive an hundredfold now in this time, houses,
and brethren, and sisters, and mothers, and children, and lands,
with persecutions; and in the world to come eternal life."

(Mark 10:30)

"현세에 있어 집과 형제와 자매와 어머니와 자식과 전토를 백 배나 받되
박해를 겸하여 받고 내세에 영생을 받지 못할 자가 없느니라."

(마가복음 10:30)

끝에서부터 시작하면 성공한다

당신은 지금 몇 살입니까?

지난 세월 10년, 20년 동안 어떤 성과물을 얻었습니까?

왜 열심히 땀 흘려 일하고 밤 새워 공부했는데 이렇다 할 눈에 띄는 성과물이 없습니까? 그냥 막연히 지금까지 해 왔던 방식대로 계속 더 많이 하면 언젠가는 성과물이 나올까요?

그렇지 않습니다. 더 많이 한다고 되는 것이 아니라 올바른 방법을 시도해야 성공적인 결과물을 얻게 되는 것입니다. 희망은 꿈만 아니라 꿈을 실현하는 올바른 방법에 있습니다. "열심히 노력해도 공부하는 방법이 나쁘면 진학하기 어렵다"고들 말합니다.

올바른 방법을 써야 당신이 원하는 결과를 얻게 됩니다.

나도 오랜 세월 내 인생 문제를 해결하기 위해 무작정 더 많은 일하면 되는 줄 알고 밤낮 미친 듯이 일했지만 안 되었습니다. 오히려 더 깊은 절망과 혼란에 빠지고 말았습니다.

내가 지쳐 모든 것을 내려놓았을 때, 온 가슴에 어두움이 짙게 임하여 캄캄했던 내 인생에 새로운 태양이 떠올랐습니다. 그것이 무엇일까요? 바로 믿음의 법입니다. 믿음의 법은 무엇일까요?

한번 기도하고 구한 것은 시간과 공간을 초월해 성령 안에서 이미 받은 줄로 믿고 그에 걸맞은 생각과 말과 행동을 하며 끝에서부터 시작하라는 것입니다. 그러면 온갖 구하는 것이나 생각하는 것에 더 넘치는 성과를 얻도록 하나님이 기적을 행하신다는 것입니다. 그동안 해도 해도 안 되었다면 방법을 완전히 바꾸어야 합니다. 크게 생각하며 끝에서부터 시작해야 합니다.

월세 30만 원을 내며 지하에 살았다

나는 '잠실로 가서 교회를 개척하라'는 음성을 듣고 빈손으로 잠실에 와서 한 시대를 이끄는 교회를 개척해야 했습니다. 그때 한 독자가 내게 500만 원을 보내 주었습니다. 나는 보증금 300만 원에 월세 30만 원을 내는 지하 방을 얻었습니다.

방 한 칸에는 2층 침대를 두고 아들 둘, 딸 둘, 네 명의 아이들을 한 층에 두 명씩 재웠습니다. 생활비도 전혀 없었고 아이들 급식비도 낼 형편이 못 되었습니다. 그때 나와 아내는 매일 하루에 몇 시간씩 산책하며 믿음의 대화를 나누었습니다.

"하나님이 우리 가정과 사역을 어떻게 인도하실까?"

"어쨌든 하나님의 음성에 순종하니 마음이 편해요."

하나님은 "아무 것도 염려하지 말고 나를 완전히 믿으라. 내가 너희 가정에 필요한 모든 것을 다 채워 주겠다. 내가 너희에게 믿음이 무엇인지 가르쳐 주겠다. 지금부터는 한번 기도하고 구한 것은 받았다고 믿고 조금도 의심하지 마라"고 하셨습니다.

그때나 지금이나 우리의 삶에 필요한 모든 것을 공급한 것은 오직 하나의 성경 구절 곧 빌립보서 4장 19절이었습니다.

"나의 하나님이 그리스도 예수 안에서 영광 가운데 그 풍성한 대로 너희 모든 쓸 것을 채우시리라."

하나님은 내가 돈 문제로 고민할 때마다 이 말씀을 떠올리셨고 나는 그때마다 이 말씀을 암송하고 묵상했습니다. 그리고 하나님은 실제로 우리 가정의 필요한 모든 것을 넘치게 채우셨고 그로 인해 우리 가정은 모든 것에 모든 것이 항상 넉넉했습니다.

월세 안 내려면 당장 이 집에서 나가라

물론 처음에는 큰 곤경을 겪고 부끄러움과 수치를 당하기도 했습니다. 이사한 지 한 달째 되었을 때 월세를 제때 내지 못하고 며칠 밀렸던 것입니다. 그런데 다른 곳에 살던 주인이 뛰어와 온 동네가 떠나가도록 큰 소리로 고함치며 "월세 안 내려면 당장 이 집에서 나가라"고 했습니다. 그것도 집안에 들어와 말한 것이 아니라 문 밖으로 나를 불러낸 후 동네 사람들이 다 보는 가운데 소리쳤는데 내게는 천둥치는 소리보다 더 크게 느껴졌습니다.

나는 큰 충격을 받았고 온몸이 부들부들 떨렸습니다.

"아 네, 며칠 내로 낼 테니 조금만 기다려 주세요."

"왜 정한 날짜에 월세를 안 내는 거예요. 당장 나가세요."

그 주인이 떠난 후에도 한참 동안 멍하게 서 있었습니다. 나는 심히 두렵고 떨렸습니다. 어떻게 해야 할지 당황스러웠습니다. 그때 나는 뜨거운 눈물을 흘리며 하나님께 하소연했습니다.

"하나님, 제가 하나님의 음성을 듣고 순종하여 이곳으로 이사 왔는데 왜 이런 일이 생겼나요? 저는 큰 부끄러움과 수치를 당했습니다. 이제 앞으로 어떻게 살아가야 하나요?"

그리고 혼자 산책하며 마음이 어느 정도 가라앉았을 때 성령님께서 내게 세미한 음성으로 크게 생각하라고 말씀하셨습니다.

'내 사랑하는 아들아, 괜찮다. 네가 놀란 것이 아니라 그가 놀라서 달려온 것이다. 그 사람의 사업이 조금 힘들어져 현금이 필요했는데 월세가 안 들어오니까 놀라서 달려온 것이다. 너는 독수리와 같고 그 사람은 참새와 같다. 그런 일로 놀랄 필요가 없다. 마음을 강하게 하고 담대히 하라. 내가 다 채워 주겠다. 이번 일은 내가 너의 마음을 강하게 하기 위해 일어나도록 허락한 것이다. 이런 일을 두 번 다시 겪지는 않을 것이다. 나를 믿으라.'

내가 놀란 게 아니라 그 사람이 놀란 것이라는 말에 나는 또 놀랐습니다. 하나님이 나를 독수리처럼 큰 인물로 세우셨으므로 그런 작은 돈 문제로 인해 놀라지 않기를 원하셨던 것입니다. 그리고 실제로 다음날 월세보다 더 많은 돈이 들어와 밀린 월세와 공과금을 다 결제했고 냉장고도 가득 채워졌습니다.

수입의 오분의 일을 저축하기 시작했다

그때 하나님은 내게 집의 소중함을 가르치셨습니다.

'나는 너에게 필요한 돈을 계속 주며 풍성한 공급을 하고 있다. 내가 네게 준 돈을 다 쓰지 말고 자산 마련을 위해 오분의 일이라도 저축하라. 세 들어 살 때는 무엇보다 월세를 먼저 준비해 놓으라. 너희 여섯 명의 식구가 사는 집이 얼마나 소중하냐? 집은 하루에 20만 원짜리 호텔보다 더 귀하다. 집은 하루 백만 원짜리 호텔과 같다. 호텔비를 먼저 챙겨야 여행과 쇼핑이 즐거운 것처럼 다른 것을 다 쓰고 월세를 준비하는 것이 아니라 월세부터 먼저 준비하고 다른 것을 써야 한다. 집값부터 준비하라.'

그렇습니다. 여행하는 사람이 호텔비를 먼저 챙기지 않고 지갑에 있는 돈으로 식사와 쇼핑하는데 다 써 버린다면 나중에 큰 부끄러움과 곤경을 당하게 될 것입니다. 여행의 기본은 호텔비 곧 숙박비입니다. 안정되고 행복한 가정을 꾸리는데 있어 기본은 집값을 먼저 챙기는데 있습니다. 집값을 먼저 챙기십시오.

집값을 먼저 챙긴다는 것은 끝에서부터 시작한다는 의미입니다. "다른 데 돈을 다 쓰고 남으면 저축해야지"라고 해서는 절대로 자산을 마련하지 못합니다. '선저축 후지출' 해야 합니다.

지금 나는 월세 내는 위치에서 월세 받는 위치로 바뀌었습니다. 내 집에 세 들어 사는 분들이 하루 이틀 월세가 밀려도 나는 두려워하거나 호들갑을 떨지 않고 그분들을 이해합니다. 물론 월세는 꼬박꼬박 잘 들어옵니다. 그들은 책임감이 강합니다.

하나님은 그동안 내게 백배의 복을 주셨고 나는 저술과 강연, 출판 사업을 통한 수입의 오분의 일을 따로 떼어 자산 마련을 위해 저축합니다. 하나님이 집값을 안 주시는 것이 아닙니다.

당신이 집을 소중히 여기며 집값을 먼저 챙겨야 합니다.

모든 일을 끝에서부터 시작해야 성공한다

나는 사람들에게 모든 일을 끝에서부터 시작하라고 합니다.
"집값부터 챙긴 다음에 쇼핑하는데 돈을 써라."
"자산 마련을 위해 오분의 일을 먼저 떼어 저축하라."
"선십일조 후지출, 선저축 후지출하라. 그래도 넘친다."
"성령님과 산책하고 드라이브부터 하라. 행복이 밀려온다."
"일하고 난 뒤에 생각하지 말고 생각부터 하고 일하라."
"하루에 8시간씩 잠부터 깊이 푹 자고 하루를 출발하라."
"영어를 습득하고 싶으면 먼저 영어로 된 책을 읽고 써라. 영어가 유창해지면 영어로 된 책을 읽고 쓰는 것이 아니라 영어로 된 책부터 읽고 쓰면 영어가 유창해진다. 끝에서부터 시작하라."
"억대 수입을 올리면 벤츠를 사는 것이 아니라 벤츠부터 사면 억대 수입을 올리게 된다. 벤츠의 세계에 먼저 진입하라."
"시간 되면 여행하는 것이 아니라 시간 내어 여행부터 하라."
"패션의 끝은 몸매다. 자세를 바로 잡아 몸매부터 멋지게 만들어라. 그러면 어떤 옷을 입어도 멋있어 보일 것이다."
"요리의 끝은 샐러드다. 케이크와 고기부터 먹지 말고 샐러드부터 듬뿍 먹어 배를 채워라. 그러면 날씬하고 건강해진다."
"돈을 모으고 안정되면 결혼하는 것이 아니라 결혼부터 하면 돈이 모이고 안정된다. 미루지 말고 결혼부터 먼저 하라."

"사업에 성공하면 자녀를 가지는 것이 아니라 자녀부터 먼저 가지면 사업에 성공하게 된다. 자녀는 한 명에 100조 원의 재산 가치가 있는 대기업이다. 자녀가 많은 것이 가장 큰 성공이다."

"성공하면 책을 쓰는 것이 아니라 책부터 써내면 성공한다. 혼자 300쪽을 쓰기 힘들면 천재멘토 김열방과의 공동 저자로 단기간에 책을 써내라. 성경 66권은 공동 저자로 만들어진 책이다. 공동 저자는 단권보다 열배 이상의 힘과 영향력이 있다."

"죽기 전에 하려고 했던 것을 지금 당장 하라. 지금이 그 일을 실천하기에 가장 좋은 때다. 만사를 제쳐 두고 그 일부터 하라."

"돈 문제든 인간관계 문제든 법적인 문제든 당신이 당한 그 문제를 해결하려면 그 문제와 똑같은 크기로 생각해서는 안 된다. 그 문제보다 두 배나 백배로 더 크게 생각해야 한다. 혼자 카페에 멍하니 앉아 크게 생각하라. 그러면 해결책이 보일 것이다."

사업하려면 백배로 크게 생각해야 한다

당신은 그동안 어디에 투자했습니까?

남편이나 아내, 자식들 뒷바라지한다고 인생을 다 보내지 않았습니까? 잘했습니다. 하지만 이제는 당신의 인생을 챙겨야 합니다. 당신의 인생은 다른 어떤 사람도 챙겨 주지 않습니다. 지금이라도 늦지 않으니 자기 계발에 투자하십시오.

자기 계발에 투자해서 자신의 가치를 백배로 증가시키면 백배의 수입을 올리게 됩니다. 내가 그렇습니다. 나는 나 자신에게 투자한 모든 것의 백배 이상을 거두고 있습니다.

성경에 달란트 비유가 나옵니다. 그들은 주인에게 달란트를 받은 후에 많은 연구를 하고 장사한 것이 아닙니다. 바로 가서 장사했습니다. 그리고 배로 남겨 주인에게 칭찬을 들었습니다.

사람들은 아직 때가 아니야, 언젠가는 좋은 때가 오겠지, 라며 내일로 미룹니다. 하지만 그 때는 영원히 오지 않습니다. 생각을 백배로 크게 하고 지금 당장 믿음으로 저질러야 얻습니다.

나는 크게 생각하며 담대히 장사하라고 가르칩니다.

"한 달란트는 15억, 두 달란트는 30억, 다섯 달란트는 75억이다. 직원은 주인이 맡긴 달란트로 장사해서 두 배로 남겼다. 당신도 크게 생각하며 달란트 단위의 큰 사업을 하라."

은퇴하면 장사하려고 하지 말고 지금부터 장사를 준비해야 합니다. 주인이 맡긴 달란트로 장사하여 두 배로 남긴 착하고 충성된 두 명의 종들은, 달란트를 받고 그날부터 준비한 사람이 아닌 평소에 장사를 위해 준비한 사람들이었습니다.

당신이 지금 직장에 다니고 있다면 다가올 당신의 미래를 위해 준비해야 합니다. 천재작가와 강연가, 사업가와 자산가의 길을 가려면 지금부터 꾸준히 다가올 미래를 준비해야 합니다.

닫혔던 문이 열리는 한 가지 비결이 있다

단기간에 크게 성공하려면 어떻게 해야 할까요?

당신이 하는 모든 일을 끝에서부터 시작하는 습관을 들이십시오. 책을 읽어도 이해가 안 되면 끝에서부터 읽으십시오. 영어를 공부해도 성과가 없으면 영어의 끝인 영어로 책 쓰기부터 시작하십시오. "영어 책을 읽을 줄 모르는데요?"

읽을 줄 모르는 것이 아니라 읽어본 적이 없는 것입니다.

영어책을 한 권이라도 처음부터 끝까지 다 읽어본 적이 있습니까? 문법과 단어를 몰라도 처음부터 끝까지 책장을 넘기며 다 읽어봐야 합니다. 모르는 단어는 볼펜으로 밑줄 그어 놓고 넘어가십시오. 세 권 정도만 끝까지 다 읽으면 영어 문장 자체에 익숙해집니다. 읽는 도중에 절대로 뒤로 돌아가면 안 됩니다.

완벽을 기하여 "다시, 또 다시" 하며 처음으로 돌아가지 말고 불완전하더라도 시도하고 마지막 페이지까지 끝내십시오. 앞에서부터 읽는 것이 부담되면 마지막 장부터 읽으면 됩니다. 그러면 마음에 부담이 사라지고 다 읽을 수 있습니다. 80퍼센트만 읽혀지면 계속 진도를 나가십시오. 한 권이라도 끝을 보십시오.

완벽을 기하면 아무것도 할 수 없습니다. 불완전하더라도 계속 저지르십시오. 그러면 완벽해집니다. 불완전하더라도 결혼부터 하고 아이부터 낳고 집부터 사고 벤츠부터 사고 땅부터 사고 빌딩부터 사고 산책부터 하고 여행부터 하고 잠부터 하루에 여덟 시간씩 푹 자십시오. 그러면 자동으로 크게 성공합니다.

다음의 내 말을 꼭 기억하십시오.

"불완전하더라도 시작하고 반드시 끝내라."

"80퍼센트만 되면 계속 진도를 나가라."

"끝까지 가 봐야 성과물이 있다. 끝까지 가기 힘들면 뒤집어

라. 처음에 끝에서부터 시작하라. 그러면 자동으로 얻게 된다."

무엇이든 끝에서부터 시작하면 그동안 닫혔던 문이 다 열립니다. 이것은 내 말이 아니라 하나님의 말씀입니다. "그러므로 내가 너희에게 말하노니 무엇이든지 기도하고 구하는 것은 받은 줄로 믿으라. 그리하면 너희에게 그대로 되리라."(막 11:24)

나는 그렇게 실천했고 원하는 모든 것을 다 얻었습니다.

이 사실을 깨달은 당신은 이미 크게 성공한 사람입니다.

"어떤 문제든 두 배나 백배로 크게 생각하면 쉽다."

"성공하려면 끝에서부터 시작하라.

인생에 있어 가장 긴급하고 중대한 일

내가 많은 일을 쉽게 해낼 수 있었던 비결이 무엇이라고요?

끝에서부터 시작했기 때문입니다. 끝은 바로 하나님을 만나 대화를 나누고 그분과 동업했다는 것입니다. 내 인생은 신과의 만남, 신과의 대화, 신과의 동업, 거기서부터 모든 것이 시작되었습니다. 당신도 끝에서부터 시작해야 하는데 그것은 곧 신에 감동된 삶을 살아야 한다는 것입니다. 요셉이 그랬습니다.

"바로가 그의 신하들에게 이르되 '이와 같이 하나님의 영에 감동된 사람을 우리가 어찌 찾을 수 있으리요' 하고 요셉에게 이르되 '하나님이 이 모든 것을 네게 보이셨으니 너와 같이 명철하고 지혜 있는 자가 없도다. 너는 내 집을 다스리라. 내 백성이 다 네 명령에 복종하리니 내가 너보다 높은 것은 내 왕좌뿐이니라' 바로가 또 요셉에게 이르되 '내가 너를 애굽 온 땅의 총리가 되게 하노라' 하고 자기의 인장 반지를 빼어 요셉의 손에 끼우고 그에게 세마포 옷을 입히고 금 사슬을 목에 걸고 자기에게 있는 버금수레에 그를 태우매 무리가 그의 앞에서 소리 지르기를 '엎드리라' 하더라. 바로가 그에게 애굽 전국을 총리로 다스리게 하였더라. 바로가 요셉에게 이르되 '나는 바로라, 애굽 온 땅에서 네 허락이 없이는 수족을 놀릴 자가 없으리라' 하고 그가 요셉의 이름을 사브낫바네아라 하고 또 온의 제사장 보디베라의 딸 아스낫을 그에게 주어 아내로 삼게 하니라. 요셉이 나가 애굽 온 땅을 순찰하니라."(창 41:38~45)

바로 왕이 하나님의 신에 감동된 사람인 요셉을 만났을 때 끝에서부터 곧 그의 스타일부터 완전히 바꾸어 주고 시작했습니다.

"너는 이 세상의 끝을 다 알고 있는 하나님의 신에 감동된 사람이구나. 이제 네가 이 나라를 통치할 수 있도록 내가 너의 외모를 끝에서부터 모두 바꿔 주겠다. 내 병거를 타라. 내 인장 반지를 껴라. 세마포 옷을 입어라. 금 사슬을 목에 걸어라."

첫째, 요셉은 하나님의 신에 감동되었습니다.

둘째, 바로는 요셉의 스타일부터 먼저 바꾸어 주었습니다.

당신도 크게 성공하려면 이 두 가지를 먼저 해야 합니다.

첫째, 당신은 하나님의 신에 감동되어야 합니다.

둘째, 당신은 당신의 스타일부터 먼저 바꾸어야 합니다.

당신의 인생을 완전히 뒤집어 끝에서부터 시작하십시오.

죽기 전에 하나님을 만나는 것이 아니라 청년의 때에 하나님을 만나 그분과 동업하며 한 평생 성공적인 삶을 살아야 합니다.

크게 성공하면 스타일을 바꾸는 것이 아니라 스타일부터 먼저 바꾸어야 세상을 통치하게 된다는 사실을 기억해야 합니다.

먼저 하나님과 동업하십시오. 먼저 당신의 삶과 깨달음을 담아 책부터 써내고 강연부터 하십시오. 먼저 몸매와 자세부터 바꾸십시오. 먼저 옷과 구두부터 바꾸십시오. 먼저 바로의 병거와 같은 벤츠와 인장 반지와 같은 롤렉스시계부터 사십시오.

먼저 수입의 오분의 일을 저축하여 집과 땅부터 사십시오.

먼저 크게 생각하십시오. 먼저 해야 할 것을 먼저 하십시오.

당신이 그동안 아무리 해도 안 되었다면 그것은 순서가 잘못되었기 때문입니다. 순서를 완전히 바꾸어 끝에서부터 시작하십시오. 그러면 저절로 될 것입니다. 모든 것이 다 열립니다.

매일 카페에서 혼자만의 시간을 가지라

요셉은 혼자만의 시간을 먼저 갖는데 있어 전문가였습니다.

군중들 앞에 큰 자로 보이기 이전에 하나님의 눈에 큰 자로 보이는 것이 더욱 중요합니다. 그 비결은 매일 혼자만의 시간을 갖는데 있습니다. 성령님과 단 둘이 앉아 책을 읽고 생각하며 깨달음을 얻는 시간을 가지십시오. 성령님과 매일 산책하며 대화를 나누십시오. 성령님은 창조주 곧 전능하신 하나님의 영입니다.

내가 믿는 신은 인간이 돌이나 나무를 깎아 만든 온갖 잡다한 우상이 아닙니다. 오직 크신 하나님이고 창조주이신 성령 하나님이십니다. 그분이 내 안에 가득히 계시고 나를 덮고 계십니다.

이러한 성령님을 마음에 모시려면 예수 그리스도를 구주로 영접하고 성령으로 거듭나 하나님의 자녀가 되어야 합니다. 이것이 당신의 인생에 가장 먼저 해야 할 중대하고 긴급한 일입니다.

"죽기 바로 직전에 예수 믿고 구원 받아 천국에 가면 되지."

그렇지 않습니다. 내일 일은 아무도 모릅니다. 당신이 살아 있을 때 만사를 제쳐 두고 가장 먼저 해야 할 일이 예수님을 구주로 믿고 죄를 사함 받고 구원을 받는 것입니다. 이 일이 당신의 영혼을 위한 일이고 가장 긴급하고 중대한 일이므로 이 일부터 먼저 해 놓고 다른 일을 해야 합니다. 당장 이 일부터 하십시오.

성경에 "그런즉 너희는 먼저 그의 나라와 그의 의를 구하라. 그리하면 이 모든 것을 너희에게 더하시리라"(마 6:33)고 했는데 그의 나라와 그의 의는 다름 아닌 예수님을 말합니다. 예수님은 하나님의 의이고 하나님의 나라를 가지고 이 땅에 오셨습니다.

그러므로 예수를 구주로 믿고 영접하는 것이 그의 나라와 그의 의를 구하는 것입니다. 그러면 다른 모든 것은 하나님이 당신에게 넘치도록 더하십니다. 지금 당장 예수님을 영접하십시오.

예수님을 영접한 사람은 하나님의 눈에 크게 보입니다.

신분부터 바꿔 놓고 시작해야 한다

당신도 하나님의 아들 예수님을 구주로 영접하십시오.

그러면 모든 죄를 사함 받고 성령으로 거듭나 하나님의 자녀가 됩니다. "영접하는 자 곧 그 이름을 믿는 자들에게는 하나님의 자녀가 되는 권세를 주셨으니……"(요 1:12)라고 했습니다.

그 순간 당신 안에 성령님이 가득히 임하게 됩니다. 성령님은 하나님의 영입니다. 지혜와 총명의 영이요 모략과 재능의 영이요 지식과 여호와를 경외하는 영입니다. 천재적인 기름 부음입니다.

지금 이 시간에 잠깐 책 읽는 것을 멈추고 "나는 예수님을 믿습니다. 예수님, 내 마음에 들어와 주세요"라고 고백하십시오. 이것이 곧 예수님을 구주로 믿고 영접하는 방법입니다. 그렇게 고백하는 순간 당신의 인생은 완전히 바뀌어 새로운 피조물이 됩니다. 신과 연합하고 사귀게 됩니다. 신과 동업하게 됩니다. 신과 동업한다면 절대로 망할 일이 없습니다. 크게 성공합니다.

크게 성공하려면 신분부터 바꿔 놓고 시작해야 합니다.

빛이신 예수님을 구주로 영접하고 '하나님의 자녀의 권세'를 받으십시오. 진짜 인생은 거기에서부터 시작되는 것입니다.

이미 예수를 믿고 있다면 당신 안에 크신 성령님이 실제로 살아 숨 쉬고 계심을 믿고 인정해야 합니다. 당신은 구원받았고 하나님의 자녀가 되었습니다. 하늘나라 시민권을 가졌습니다.

로마서 10장 9~10절에 "네가 만일 네 입으로 예수를 주로 시인하며 또 하나님께서 그를 죽은 자 가운데서 살리신 것을 네 마음에 믿으면 구원을 받으리라. 사람이 마음으로 믿어 의에 이르고 입으로 시인하여 구원에 이르느니라"고 했습니다.

아마존 강 같은 천재적인 기름 부음

당신은 믿음으로 말미암아 의로워졌고 성령 충만해졌습니다.

많은 사람들이 자기 안에 계신 성령님을 작은 분으로 오해하고 있습니다. 그래서 자기의 땀과 피와 눈물 곧 율법주의 행위로 성령님을 더 키우겠다고 금식 철야하며 몸부림을 칩니다. 성령님은 하나님이시므로 그렇게 인간의 노력과 고행과 도를 닦음으로 더 커지지 않습니다. 이미 크신 성령님이 당신 안에 들어와 계십니다. 이 사실을 단순하게 믿으십시오.

"우리가 이 보배를 질그릇에 가졌으니 이는 심히 큰 능력은 하나님께 있고 우리에게 있지 아니함을 알게 하려 함이라"(고후 4:7)는 말씀처럼 하나님의 능력의 심히 큰 것이 당신의 행위에 있지 않고 하나님의 은혜에 있습니다. 심히 큰 능력은 행위가 아닌 믿음을 통해 나타납니다. 이해되십니까?

믿음으로 말미암아 하나님의 심히 큰 능력이 내게 나타나기 시작했고 내 인생은 초능력을 발휘하기 시작했습니다.

나는 어리석고 미련한 자였는데 믿음으로 말미암아 하나님의 지혜가 나타나게 되었습니다. 나는 미래에 대해 불안해했던 자였는데 믿음으로 말미암아 예언의 은사가 나타나게 되었습니다.

나는 말더듬이였는데 믿음으로 말미암아 천재적인 구변(口辯)이 나타나게 되었습니다. 나는 빈 손과 빈 지갑, 빈 통장이었는데 믿음으로 말미암아 재벌의 부가 나타나게 되었습니다.

나는 월세 30만 원을 내며 평생 지하에서 살줄 알았는데 믿음으로 62평 주택을 사게 되었습니다. 나는 결혼하지 못하고 평생 혼자 살 줄 알았는데 믿음으로 아름다운 여인과 결혼하여 네 명의 자녀를 낳게 되었습니다. 이 모든 것이 믿음으로 말미암은 결과입니다. "믿음에는 성과물이 있다"는 말을 꼭 기억하십시오.

내가 가진 모든 것은 모두 믿음으로 말미암아 하나님께 받은 상입니다. 당신도 나처럼 하나님을 믿고 믿음으로 구하면 당신이 바라는 것들이 모두 실상이 될 것이며 하나님이 주시는 상을 많이 받게 될 것입니다. 한번 구한 것은 받았다고 믿으십시오.

"믿음은 바라는 것들의 실상이요 보이지 않는 것들의 증거니 선진들이 이로써 증거를 얻었느니라. 믿음으로 모든 세계가 하나님의 말씀으로 지어진 줄을 우리가 아나니 보이는 것은 나타난 것으로 말미암아 된 것이 아니니라. 믿음이 없이는 하나님을 기쁘시게 하지 못하나니 하나님께 나아가는 자는 반드시 그가 계신 것과 또한 그가 자기를 찾는 자들에게 상 주시는 이심을 믿어야 할지니라."(히 11:1~3, 6)

성공은 생각의 크기에 비례한다

나는 성령님의 능력을 사모하는 자에게 이렇게 말합니다.

"성령의 나타남은 꿈의 크기, 생각의 크기, 믿음의 크기와 비례한다. 그러므로 큰 꿈을 가지고 크게 생각하고 크게 믿으라."

한번 기도하고 구한 것은 받았다고 믿고 조금도 의심하지 마십시오. 그러면 성령의 나타남이 그대로 이룰 것입니다. 그렇게 해서 나는 지금까지 700권의 책을 썼고 전국과 세계를 다니며 강연하고 있습니다. 성령의 21가지 은사가 나타나 꿈을 쉽게 이루고 있습니다. 이 얼마나 놀라운 일입니까?

　책을 세 줄도 쓰지 못하던 내가 700권의 책을 썼습니다.

　말 더듬이였던 내가 입만 열면 줄줄 강력한 말씀이 끝도 없이 쏟아져 나옵니다. 한 마디도 기도하지 못했던 내가 방언으로 유창하게 기도합니다. 두려움에 덜덜 떨던 내가 믿음의 은사로 큰 일을 많이 저질렀고 그렇게 저지른 것마다 다 성공했습니다.

　빈손이었던 내가 하나님이 주신 재물 얻을 능으로 넓은 집과 벤츠를 샀습니다. 520명 중에 518등으로 꼴찌였고 미련했던 내가 하나님께 지혜를 받아 천재멘토가 되었습니다. 솔로몬이 그랬던 것처럼 하나님은 지혜를 구한 내게도 억만 배의 지혜를 주셨습니다. 내 안에 천재적인 기름 부음이 흘러넘치고 있습니다.

　"하나님이 솔로몬에게 지혜와 총명을 심히 많이 주시고 또 넓은 마음을 주시되 바닷가의 모래 같이 하시니……"(왕상 4:29)

　당신도 성령님을 사랑하고 그분과 동업하십시오. 성령님과 동업하게 되면 크게 생각하는 큰 인물이 됩니다. 크게 생각하면 큰 것을 얻게 됩니다. 큰 것을 얻으면 크게 생각하는 큰 인물이 되는 것이 아닙니다. 끝에서부터 시작해야 합니다. 크게 생각하는 것이 먼저이고 큰 인물이 되는 것이 먼저입니다.

　사람은 어떤 친구와 사귀느냐에 따라 인생의 크기가 달라집니다. 크게 생각하는 큰 인물이 되려면 크신 성령님과 사귀어야 합니다. 매일 크신 성령님과 대화를 나누십시오. 그분과 함께 조용히 카페에 앉아 책을 읽고 생각하며 깨달음을 얻으십시오.

하루 종일 신에 감동된 삶을 살라

당신은 하루 종일 신에 감동된 삶을 살고 있습니까?

나는 신과 연애하며 그분과 함께 산책하며 살고 있습니다.

성령님은 창조주 하나님의 영이고 예수의 영입니다. 그분과 연애하는 것이 내 삶의 이유이자 목적이며 전부입니다.

당신은 온 마음을 다해 예수님을 사랑하십니까? 나는 정말로 온 마음을 다해 예수님을 사랑합니다. 나는 하루 종일 그분을 생각합니다. 그분은 나의 주인이자 남편이고 형님이자 친구입니다.

예수님은 나의 구원자이십니다. 예수님은 나의 전부이십니다. 그러한 예수 그리스도의 영이신 성령님과 동행하고 동업하는 것이 얼마나 영광스럽고 존귀한 삶인지 모릅니다.

성령님은 당신 안에 가득히 계시고 당신을 덮고 계시고 당신의 우편에 계시며 당신의 좌편에 계십니다. 당신의 앞에서 이끌어 주시고 당신의 뒤에서 호위해 주십니다. 당신은 성령님과 함께 숨 쉬고 먹고 마시고 걷고 뛰며 모든 일을 그분과 함께해야 합니다. 성령님과 함께하면 어떤 문제든 다 해결할 수 있습니다.

성령님은 내가 어떤 문제로 고민할 때마다 세미한 음성으로 말씀하십니다. 그분의 음성이 들리면 나는 더 이상 고민하지 않습니다. 오직 그 음성을 믿고 순종할 뿐입니다.

성령님은 내게 믿음을 북돋우는 말씀을 많이 해주십니다.

'내 아들아, 염려하지 마라. 내가 다 채워 주겠다. 지금 네가 부딪힌 문제보다 백배 크게 생각해라. 그러면 아무것도 아니다.

너를 힘들게 하는 사람이 있다면 그런 사람이 백 명쯤 있다고 생각해라. 그러면 아무것도 아니다. 한 시대를 이끌며 큰일을 하는 지도자는 힘들게 하는 사람도 꽤 많다. 또한 너를 좋아하고 따르는 사람이 있다면 그런 사람도 백 명쯤 있다고 생각해라. 그들 때문에 들뜨지 말고 마음을 가라앉히고 오직 나만 바라보아라. 돈 문제로 고민하느냐? 백배로 크게 생각하면 아무것도 아니다. 큰 빌딩을 짓고 세계적인 선교를 하는 사람들은 일억이 아닌 수백억을 놓고 고민하지만 그 문제를 해결한다. 크게 생각하라.'

성령님은 크신 하나님이십니다. 그분과 사귀면 당신의 마인드도 커집니다. 크게 생각하고 크게 말하고 크게 믿으십시오.

"여호와는 크신 하나님이시요 모든 신들보다 크신 왕이시기 때문이로다."(시 95:3)

애원해도 공짜로 주지 말고 팔아라

요셉은 애굽 전역과 주변 국가의 돈을 몰수히 모았습니다.

그는 곡물을 높은 값에 팔았고 돈을 다 끌어 모아 곳간에 넣었습니다. 그 돈을 이스라엘 백성들이 애굽에서 나올 때 모두 가지고 나왔습니다. 요셉은 돈만 아닌 가축, 몸, 토지 문서, 소출을 모두 거두어 들였습니다. 그는 계속 팔고 모아 곳간에 들이며 저축한 사람이었습니다. 요셉은 마음이 아주 강했습니다.

세상 모든 사람들이 요셉에게 와서 울며 애원했지만 그는 냉정하게 대했습니다. 그래야 모두가 살 수 있기 때문입니다.

"우리에게 돈이 없으니 제발 곡물을 공짜로 좀 주십시오. 부탁합니다. 우리 가족이 모두 굶어 죽고 망하게 되었습니다."

"안 된다. 없는 게 아니야. 찾으면 있어. 절대로 굶어 죽거나 망하지 않는다. 네가 가진 것을 찾아보고 그것을 가져와라. 돈이 없으면 땅문서라도 가져와. 가축을 다 끌고 와. 온 가족이 와서 일을 해. 내가 준 씨앗을 뿌려 소출의 오분의 일을 다시 가져와."

마음이 강인한 자만이 곳간에 곡물과 땅문서와 가축과 돈을 저장할 수 있습니다. 마음이 약하면 모두 빼앗기고 잃습니다.

신적인 처세술인 거차함을 기억하라

당신에게 와서 우는 사람에게 마음이 약해지지 마십시오.

울면서 애원하는 사람은 거절하고 차단하고 함께 있지 마십시오. 거절하지 못하고 차단하지 못하고 함께 있으면 다 죽습니다.

요셉은 다 죽는 길이 아닌 다 사는 길을 선택했습니다. 그래서 그는 철저하게 '신적인 처세술'로 사람들을 대했습니다.

"혈통, 육정, 사람의 뜻을 따라 가까이 다가오는 사람은 '거차함의 원리'를 적용하고 실천하라. 거절, 차단, 함께 있지 않음."

가난한 자들을 공짜로 도와줘야 한다는 마음에 사로잡히지 마십시오. 그 가난한 자들이 '당신의 가난한 자들'입니까? 아닙니다. 가난한 자들은 당신 주위에 항상 있습니다. 그들이 끝까지 살아남게 하는 방법은 단순히 밥을 퍼 주는 것이 아닙니다. 그들에게 지혜를 주어야 합니다.

"왕의 모든 재산으로도 거지의 동냥 그릇을 못 채운다"는 말이 있습니다. 거지는 아무리 주고 또 주어도 그들의 인생이 결코 바뀌지 않습니다. 오히려 더 주지 않는다고 원망만 할 뿐입니다.

요셉은 자식들과 함께 굶어 죽게 되었다는 사람들의 말을 듣고도 그들을 감정으로 대하지 않고 냉정하게 대하며 끝까지 곡물을 사게 했습니다. "저들을 공짜로 도와주지 않으면 저주 받을 거야"라는 사람들의 말에 귀를 기울이지 않고 오직 그의 주인이신 성령님의 음성에만 귀를 기울이며 끝까지 팔았습니다.

하나님은 당신에게도 마음을 강하게 하라고 말씀하십니다.

"오직 너는 마음을 강하게 하고 극히 담대히 하라.(수 1:7)

두려움은 주위 사람들의 말을 통해 당신에게 다가옵니다.

그 두려움을 받아들이지 말고 예수 이름으로 꾸짖고 물리쳐야 합니다. 두려움을 불러일으키는 사람을 거절하고 차단하고 멀리 두어야 합니다. 부정적인 사람과는 함께 있지 말아야 합니다.

하나님이 우리에게 주시는 것은 두려워하는 마음이 아니요 오직 능력과 사랑과 근신하는 마음이기 때문입니다. 믿음의 사람과 함께 하십시오. 믿음의 말만 하십시오. 믿음의 책만 읽으십시오.

믿음으로 일을 시작하고 믿음으로 일을 끝내십시오.

주변 국가의 모든 돈을 다 받으라

솔로몬은 주변 국가로부터 엄청난 돈을 받고 지혜를 베풀었습니다. 게하시에게는 돈을 받지 말라고 하신 하나님이 솔로몬에게는 주변 국가의 모든 돈을 다 받아 그 돈으로 성전과 왕궁을 건축하라고 했습니다. 솔로몬은 보통 사람의 수천 배의 지혜를 가졌으므로 찾아오는 사람들에게 모두 그냥 공짜로 지혜를 베풀 수 있었을 것입니다. 그러나 그는 당당하게 예물을 받았습니다. 사람들은 천문학적인 돈을 가지고 와서 솔로몬을 만나야 했습니다.

해마다 정한 수가 있었더라

하나님이 솔로몬에게 주신 복이 어떠했습니까?

역대하 9장 22~29절에 나오는데 당신도 가능합니다.

첫째, 그의 재산과 지혜가 천하의 모든 왕들보다 컸습니다.

"솔로몬 왕의 재산과 지혜가 천하의 모든 왕들보다 큰지라."

둘째, 천하의 열왕이 하나님께서 솔로몬의 마음에 주신 지혜를 듣고 그의 얼굴을 보기 원하여 각기 예물을 가지고 왔습니다.

"천하의 열왕이 하나님께서 솔로몬의 마음에 주신 지혜를 들으며 그의 얼굴을 보기 원하여 각기 예물을 가지고 왔으니……."

셋째, 돈만 가지고 온 것이 아니라 종류별로 다 가져왔습니다.

"곧 은 그릇과 금 그릇과 의복과 갑옷과 향품과 말과 노새라."

넷째, 솔로몬이 해마다 정한 예물의 수가 있었습니다.

"해마다 정한 수가 있었더라."(대하 9:24)

다섯째, 솔로몬은 종류별로 곳간을 만들어 관리했습니다.

"솔로몬의 병거 메는 말의 외양간은 사천이요 마병은 만 이천 명이라 병거성에도 두고 예루살렘 왕에게도 두었으며……."

여섯째, 솔로몬은 다른 나라의 모든 왕을 다스렸습니다.

"솔로몬이 유브라데 강에서부터 블레셋 땅과 애굽 지경까지의 모든 왕을 다스렸으며……."(대하 9:26)

일곱째, 솔로몬은 은을 돌처럼 흔하게 여겼습니다.

"왕이 예루살렘에서 은을 돌 같이 흔하게 하고 백향목을 평지의 뽕나무 같이 많게 하였더라."(대하 9:27)

여덟째, 솔로몬에게 운송 수단이 많이 들어왔습니다.

"솔로몬을 위하여 애굽과 각국에서 말들을 가져왔더라."

솔로몬보다 더 크신 예수님이 내 안에 살아 계십니다.

하나님은 지혜를 구한 내게 엄청난 지혜를 부어 주셨습니다.

하나님이 내게 주신 지혜는 천하의 모든 왕들보다 큽니다.

하나님은 솔로몬보다 더 크신 예수님을 영접한 당신에게도 솔로몬보다 더 큰 복과 지혜를 나타내고 계십니다. 전국과 세계에서 천재멘토인 나 김열방의 얼굴을 보기 위해 예물을 가지고 오고 있습니다. 하나님이 내게도 태양보다 더 큰 빛을 주셨습니다. 그 빛은 곧 내 안에 살아 계신 예수 그리스도입니다.

나는 하나님께로부터 많은 복을 받았습니다.

나는 '천재작가 대부호의 모임'을 만들어 운영하고 있습니다. 하나님은 지혜를 구한 내게 부귀와 건강의 복까지 주셨습니다.

당신도 나처럼 하나님께 지혜를 구하십시오.

모든 것이 사라져도 책은 영원하다

솔로몬의 행적이 책에 기록되었다고 했습니다.

"이 외에 솔로몬의 시종 행적은 선지자 나단의 글과 실로 사람 아히야의 예언과 선견자 잇도의 묵시 책 곧 잇도가 느밧의 아들 여로보암에 대하여 쓴 책에 기록되지 아니하였느냐."(대하 9:29)

당신도 솔로몬처럼 하나님께 억만 배의 복을 받고 또 책을 써 내십시오. 모든 것은 사라져도 당신의 삶과 깨달음을 담은 책은 영원히 남습니다. 이것이 '책의 영존성'입니다.

"지금은 마음이 불편해서 책을 써내고 싶지 않아요."

그랬다면 나는 지금까지 책을 한 권도 못 써냈을 것입니다.

책은 믿음으로 써내는 것이지 기분이나 느낌으로 써내는 것이 아닙니다. 하나님이 지시하신 모든 일이 다 그렇습니다. 많은 사람들이 마음에 평강이 임하면 그것을 하나님의 뜻으로 알고 진행하겠다고 말합니다. 그러면 평생 아무 일도 못합니다.

오직 믿음으로 진행해야 성과를 냅니다.

느낌이 아닌 믿음으로 일을 진행하라

당신은 마음에 평강이 임할 때까지 기도하지 않습니까?

나는 예전에 그런 가르침을 받고 어떤 새로운 일을 시작하고 진행할 때 내 마음에 평강이 올 때까지 계속 골방에 엎드려 몇 시간 동안 방언으로 기도하곤 했습니다. 대형교회를 이끄는 한 목사님이 수천 명의 성도들에게 그런 가르침을 했고 그 내용이 책으로 나왔는데 나도 읽고 그대로 믿고 실천했던 것입니다.

"나는 어떤 새로운 일을 시도할 때 내 마음에 평강이 올 때까지 밤 새워 금식하며 기도합니다. 만약 그것이 하나님의 뜻이라면 내 마음에 평강이 올 것입니다. 그러나 만약 그 일이 하나님의 뜻이 아니라면 내 마음은 불편해서 못 견딜 것입니다."

그는 한참을 기도하다가 마음에 평강이 왔다는 확신이 들어 성전 건축을 위한 자금을 마련하기 위해 먼저 아파트를 건축하기 시작했습니다. 그러나 오히려 큰 어려움이 왔고 자살해야겠다는 결심을 하고 공사 중인 아파트에서 뛰어내리려고 했습니다.

그때 마음에 자살하지 말라는 생각이 떠올랐습니다.

'그렇게 자살할 용기가 있다면 살아라. 자살의 반대말은 살자다. 용기를 내어 살면 반드시 자금을 마련할 길이 열릴 것이다.'

그는 다시 용기를 내어 살기로 했고 하나씩 하나씩 길이 열려 모든 자금 문제가 해결되고 결국 아름다운 예배당을 완공하게 되었습니다. 그가 어떻게 성령님의 음성을 듣게 되었을까요?

성령님께서 생각을 통해 말씀하신 것입니다. 그 음성을 들은 것은 하루 종일 밤새워 가며 금식한 후에 들려온 것이 아니었습니다. 그냥 순간적으로 생각을 통해 들려왔습니다.

많은 사람들이 느낌과 기분을 따라 일을 진행하려고 합니다.

'이 일을 하려는데 느낌이 좋다. 느낌이 안 좋다.'

성경은 "의인이 느낌으로 살리라"고 하지 않고 "의인이 믿음으로 살리라"고 했습니다. 나는 지금까지 느낌이나 기분을 따라 일을 진행한 적이 없습니다. 믿음으로 진행했고 그 결과 성공했습니다. 육체의 느낌이나 기분, 컨디션은 대체로 부정적입니다.

성령님은 생각을 통해 말씀하신다

하나님은 당신에게 생각을 통해 말씀하십니다.

첫째, 사탄은 두려움을 불러일으키는 생각을 줍니다.

'너는 지금 몸과 마음이 편하지 않아. 그 일을 하지 마.'

둘째, 인간은 의심을 불러일으키는 생각을 줍니다.

'내가 그 일을 하려니 너무 힘들어. 자살해 버릴까?'

셋째, 하나님은 믿음을 불러일으키는 생각을 줍니다.

'내 아들아, 염려하지 마라. 두려워하지 마라. 내가 너와 함께 한다. 너는 그 일은 해낼 수 있다. 내가 도와주겠다.'

나는 "마음에 평강이 올 때까지 기도하라"는 책 내용을 읽고 10년간 그렇게 해 왔지만 무엇 하나 제대로 된 것이 없었습니다. 내가 사는 집은 여전히 보증금 300만 원에 월세 30만 원을 내는 지하였고 교회도 지하에 머물며 월세를 내야 했습니다. 나는 교회와 집을 지하에서 탈출하고 싶었지만 아무리 기도해도 내 마음에 평강이 임하지 않았습니다. 더 큰 것을 얻으려면 과감히 더 큰 일을 시도해야 하는데 그럴 때마다 내 마음과 몸이 불편했기 때문입니다. 현재 머문 자리가 몸과 마음이 더 편했던 것입니다.

그러다가 진짜 믿음이 무엇인지, 또한 예수 그리스도 복음이 무엇인지 깨닫게 되었습니다. 믿음은 하나님께 무엇을 얻기 위해 40일 금식 기도를 하거나 일천 번 작정 예배를 드려야 하는 것이 아닌 한번 기도하고 구한 것은 받았다고 믿고 실천하는 것이었습니다. 예수님은 믿음을 키워 달라는 제자들에게 마음에 평화와 믿음이 올 때까지 몇날며칠 금식, 철야하라고 하지 않았습니다.

"너희가 겨자씨 만한 믿음이 있어도 이 산을 들어 저리로 옮기라고 말하면 그대로 된다. 뽕나무더러 뿌리째 뽑혀 바다에 심기우라고 말하면 그대로 된다. 무엇이든지 한번 기도하고 구한 것은 받았다고 믿고 조금도 의심하지 마라. 그러면 너희에게 그대로 된다"고 하셨습니다. 받았다고 믿으면 성령님이 이끄십니다.

한계를 돌파해야 새로운 세계가 열린다

당신은 지금 어디에서 한계에 부딪혔습니까?

한계를 깨뜨리고 새로운 세계로 진입해야 합니다.

성령님이 이끄실 때는 과감히 새로운 위치, 새로운 영역으로 진입해야 합니다. 이것을 다른 말로 '돌파'라고 합니다.

그럴 때 몸도 마음도 다 불편합니다. 왜일까요?

자신의 경험과 이론과 사상을 다 뛰어넘어 새로운 영역으로 발걸음을 떼어 움직여야 하기 때문입니다. 자금이 필요하면 수많은 서류를 만든 후에 은행에 찾아가 담당자를 만나 상담하고 대출을 받아야 하는데 처음에는 마음이 무척 불편합니다.

"서류가 하나 부족합니다. 가서 떼 오세요."

"아, 왜 이렇게 불편하고 귀찮아. 해오라는 게 너무 많잖아."

처음 진입할 때는 몸과 마음이 불편합니다. 그래도 해야 합니다. 불편하고 귀찮고 힘들다고 포기하면 거기서 끝입니다.

새로운 학교에 진학하거나 직장에 취직하려면 시험을 쳐야 하고 면접도 봐야 합니다. 몸과 마음이 무척 불편합니다. 긴장도 됩니다. 밥이 안 넘어가고 잠도 안 옵니다. 그래도 해야 합니다.

결혼하고 자녀를 낳고 양육하는 일도 무척 불편하고 힘이 듭니다. 10개월간 아기를 뱃속에 품고 있는 엄마에게 편안하냐고 물어보십시오. 모두들 몸도 마음도 불편하다고 말할 것입니다.

아기를 낳는 순간부터 더욱 불편한 일이 많이 생깁니다. 아기에게 젖을 빨리기 위해 밖에서도 단추를 풀어야 합니다. 똥 기저귀를 갈아야 합니다. 울면 달래야 합니다. 이유식을 해서 챙겨 먹여야 합니다. 밤에 잠을 안자고 보채면 함께 잠을 설칩니다.

무엇하나 몸과 마음이 편하지 않습니다. 그래도 결혼하고 아기를 낳아야 합니다. 하나씩 성과물이 주어지면 그때는 마음이 편안하고 기쁩니다. 그래서 또 다시 시도하게 됩니다.

공동체를 떠나 혼자서 교회를 개척하는 것도 몸과 마음이 불편합니다. 편하게 책을 읽고 외우며 공부하는 것이 아닌 나의 삶과 깨달음을 책에 담아내려면 그것도 무척이나 몸과 마음이 불편합니다. 컴퓨터를 켜야 하고 자판을 두드려야 합니다. 생소한 장소에 가서 처음 보는 사람들의 얼굴을 맞대고 강연하는 것도 엄청 긴장되고 몸과 마음이 불편합니다. 그래도 해야 합니다.

온 천하에 다니며 복음을 전파하는 것, 새 방언을 말하는 것, 뱀을 집는 것, 독을 마실 일이 생기는 것, 병을 고치고 귀신을 쫓는 것, 세례를 주는 것, 제자를 삼는 것, 가르쳐 지키게 하는 것, 모두 몸과 마음이 불편한 일입니다. 그래도 해야 합니다.

어떻게 해야 할까요? 몸과 마음이 편해지면 하는 것이 아니라 몸과 마음이 불편해도 지금 당장 믿음으로 실천해야 합니다.

모세가 등장하자 모든 것이 불편해졌다

"하나님의 응답이 오면 몸과 마음이 편안해지지 않나요?"

"새로운 일을 진행하려면 온몸과 마음에 평강이 임해야 하지 않나요? 초조했던 마음에 긴장이 풀리고 굳어 있던 몸이 나른해지면 하나님의 초자연적인 뜻이 아닌가요? 그렇게 되기까지 아무것도 하지 말고 기도에만 전념해야 한다고 배웠어요."

아닙니다. 어떤 일을 할 때 마음에 평강이 임하도록 기도해야 한다는 것은 어린아이 신앙에 불과합니다. 몇 시간 동안 빌어 평강이 온다면 그것은 자기 고집을 반복하여 주문을 외우므로 세뇌한 것에 불과합니다. 지금도 그런다고 수천만 명의 성도들이 집과 땅. 빌딩을 못 사고 저술과 강연. 억대 수입을 못 얻는 것입니다. 솔직히, 대부분의 성도들이 엎드려 울고만 있습니다.

울고만 있지 말고 일어나 믿음으로 움직여야 얻습니다.

모세가 온 이후에도 마음에 평화가 올 때까지 장정만 64만 명, 남녀노소 모두 합한 300만 이스라엘 백성들이 엎드려 기도만 하고 있었다면 그들은 결코 애굽을 벗어나 가나안땅에 들어가지 못했을 것입니다. 그들은 모세와 함께 움직여야 했습니다.

그 이전에 400년 동안 울며 부르짖어도 아무 기적이 안 일어났습니다. 오직 하나의 기적 곧 모세가 일어난 것입니다. 하나님이 모세를 택하여 세우시고 그들을 이끌어 내기로 결심하셨고 모세가 등장하자 그들의 몸과 마음은 더 불편해졌습니다. 애굽에서 빠져 나온 이후로는 더욱 그랬습니다.

이스라엘 백성들은 감각을 따라 일을 진행하려고 하나님의 종 모세에게 계속 대들며 애굽으로 돌아가자고 요청했습니다.

"왜 우리를 애굽에서 노예로 살게 내버려 두지 않고 이곳으로 이끌어 내어 몸과 마음이 심히 불편하게 만들었느냐? 차라리 벽돌을 찍어낼 때가 몸과 마음이 편했다. 지금은 모든 게 불편하다. 우리는 바로 왕에게 미운 물건처럼 되었다. 너무 힘들다."

모세는 믿음의 사람이었습니다. 그는 이스라엘 백성들의 부정적인 요청을 완전히 무시하고 더 큰 요청을 했습니다.

"구원의 하나님을 바라보라. 하나님이 우리를 이곳으로 이끌어 내신 것이다. 조금도 의심하지 말고 하나님을 완전히 믿으라. 제발 불평과 불만을 멈추고 감사하라. 끝까지 믿으라."

겨자씨 만한 믿음으로 아파트를 산 사람들

수십만 채에 살고 있는 서울의 5억, 10억, 20억 하는 아파트 주인들에게 물어보십시오. 마음에 평강이 임할 때까지 기도한 다음 그것을 구매한 사람이 있냐고? 아무도 없을 겁니다. 그들은 이미 가진 겨자씨 만한 믿음으로 자연스럽게 구매한 것입니다.

그들이 아파트를 사겠다고 계약할 때, 대출 받기 위해 서류를 낼 때, 중도금과 막대금을 치를 때, 내부 인테리어를 할 때, 이사를 할 때, 모두 몸과 마음이 불편했지만 다들 잘해냈습니다.

그들은 다 해냈는데 왜 우리는 못합니까?

만약 마음에 평강이 올 때까지 기도만 했다면 300만 이스라엘 백성 중에 한 명도 애굽을 빠져 나오지 못했을 것입니다. 당신도 마음에 평강이 올 때까지 기도만 한다면 평생 노예와 하녀처럼 몸에 땀 흘리며 죽도록 고생하며 일하고 지하 단칸방이나 고시원에서 머물러야 할 것입니다. 느낌이 아닌 믿음으로 꿈꾸고 시도하며 움직여야 합니다.

예수 믿는 사람들이 마음에 평강이 임할 때까지 기도하며 끝도 없이 기다리기 때문에 죽을 때까지 넓은 아파트를 사지 못하는 것입니다. 그들은 매일 엎드려 빌기만 하면 하늘에서 복이 뚝 떨어질 줄로 생각합니다. 그렇지 않습니다. 하나님은 가나안 땅을 점령하라고 명령하셨습니다. 싸워서 점령해야 합니다.

"그 땅을 점령하여 거기 거주하라. 내가 그 땅을 너희 소유로 너희에게 주었음이라."(민 33:53)

"너희는 매복한 곳에서 일어나 그 성읍을 점령하라. 너희 하나님 여호와께서 그 성읍을 너희 손에 주시리라."(수 8:7)

제발 크게 생각하고 크게 믿으십시오. 크게 점령하십시오. 십계명 어기는 것만 아니면 무엇이든지 믿음으로 저지르십시오. 저질러야 얻습니다. 가만히 있으면 죽을 때까지 그 모습 그대로입니다. 그리고 믿음으로 저질렀으면 절대로 뒤를 돌아보지 말고 앞으로만 나아가야 합니다. 그러면 결국 다 얻습니다.

"예수께서 이르시되 손에 쟁기를 잡고 뒤를 돌아보는 자는 하나님의 나라에 합당하지 아니하니라 하시니라."(눅 9:62)

믿음으로 저질렀으면 후회하지 마라

당신은 후회를 잘하는 어리석은 사람이 아닙니까?

어떤 일을 하든지 믿음으로 시작했으면 절대로 후회하지 말고 계속 믿음으로 진행하고 믿음으로 끝내 성과물을 얻어야 합니다. 중간에 조금이라도 의심하거나 사람들과 의논하며 그들의 부정적인 말을 들으면 모든 것은 공중 분해되어 사라집니다. 처음부터 끝까지 오직 하나님과 하나님의 종의 말만 들어야 합니다.

"여호와께 묻지 아니하였으므로 여호와께서 그를 죽이시고 그 나라를 이새의 아들 다윗에게 넘겨주셨더라."(대상 10:14)

후회하게 만드는 사람들을 모두 끊으십시오. 그들을 거절하고 차단하고 만나지 마십시오. 그들과 함께 있지 말고 말을 섞지도 마십시오. 처음부터 끝까지 성령님의 음성을 따라가십시오.

진짜 하나님의 종을 만나면 불편하다

한 시대를 이끄는 하나님의 종을 만나면 마음이 불편합니다.

그들은 몸과 마음이 불편해도 하나님이 기름 부어 세운 지도자 모세의 말에 순종하기 시작했습니다. 그래서 출애굽하여 광야의 수많은 기적을 체험했고 그 후손들이 가나안 땅에 들어가 하나님이 예비하신 모든 복을 받아 누렸던 것입니다.

그들이 430년 동안 울부짖으며 하나님께 기도한 결과로 받은 응답은 '모세'라는 지도자였습니다. 모세는 몸과 마음이 편한 그들을 휘저어 놓았습니다. 모세가 등장한 순간, 애굽에 열 가지 재앙이 임했습니다. 엄청난 불안과 불편함입니다.

노예 생활로 평온한 그들에게 갑자기 전쟁이 일어났습니다.

피, 개구리, 이, 파리, 악질, 온역, 우박, 메뚜기, 흑암, 장자 죽음의 재앙이 정신없이 몰아쳤습니다. 이스라엘 백성들은 갑자기 바로 왕과 맞서 싸워야 했습니다. 거기에 평안함은 전혀 없었습니다. 다들 불안에 떨어야 했습니다. 그때 모세는 말했습니다.

"이런 하나님의 기적이 일어날 때 너희들의 마음에 평안이 있는 것이 아니다. 불안하고 두려울 것이다. 그러나 두려워하지 마라. 모두 하나님이 행하시는 일이다. 너희가 싸우는 것이 아니라 하나님이 싸우신다. 너희는 두려워 말고 완전히 믿기만 하라."

하나님이 기름 부어 세운 종을 만난 사람들이 대부분 불편한 마음을 호소했습니다. 엘리야를 만난 사르밧 과부는 마음이 불편했습니다. 엘리야가 그에게 믿음의 행동을 요구했기 때문입니다.

"물을 가져와라. 네 아들과 함께 먹고 죽으려는 그 기름과 가루로 떡을 만들어 나를 먼저 공궤하라."

엘리사를 만난 사람들도 몸과 마음이 불편했습니다.

다윗을 만난 400명의 사람들은 사울을 피해 아둘람 굴로 피신해야 했고 쫓겨 다니기 시작했습니다. 솔로몬을 만난 사람들은 성전 건축 때문에 하루 종일 바닷가에서 무역하고 들판에서 땀 흘리며 일해야 했습니다. 요셉을 만난 사람들은 그에게 흐르는 기름 부음 때문에 다들 머리를 숙여야 했습니다.

당신도 하나님의 종을 만나 새로운 일을 진행할 때 몸과 마음에 불편함이 전혀 없는 것이 아닙니다. 있어도 해야 합니다.

하나님의 종을 완전히 믿고 순종하라

하나님의 종의 지시를 받아 움직일 때 두렵습니다.

두려움이 있기 때문에 하나님께서 "두려워하지 말라"고 하신 것입니다. 두려움보다 더 큰 하나님과 하나님의 종의 말을 완전히 믿고 순종해야 합니다. 그 일을 끝내면 두려움이 사라집니다.

성경에 "두려워 말라"는 말씀이 365번 나옵니다. 365일 두려움이 있기 때문에 365번 두려워 말라고 하셨습니다. 당신은 하나님과 함께 365일 두려움의 바람과 파도를 다스리고 두려움의 물결 위를 걸으며 믿음의 모험을 해야 합니다. 매일 두려움이 생기지만 매일 다스려야 합니다. 그것이 정상입니다. 하지만 그 두려움은 하나님이 주신 것이 아닙니다. 사탄이 주는 것입니다.

사탄은 부정적인 사람과의 대화를 통해 두려움을 줍니다.

당신에게 밀려오는 두려움을 떨치려면 어떻게 해야 할까요?

첫째, 여호와 하나님을 억만 번이나 신뢰해야 합니다.

"너희는 여호와를 영원히 신뢰하라. 주 여호와는 영원한 반석이심이로다."(사 26:4)

둘째, 하나님의 종을 억만 번이나 신뢰해야 합니다.

"너희는 너희 하나님 여호와를 신뢰하라. 그리하면 견고히 서리라. 그의 선지자들을 신뢰하라. 그리하면 형통하리라."(대하 20:20)

셋째, 믿음으로 시작한 일에 대해 주위 사람과 의논하지 않고 완전히 믿고 끝내므로 성과물을 얻겠다고 결심해야 합니다.

"믿음은 바라는 것들의 실상이요 보이지 않는 것들의 증거니 선진들이 이로써 증거를 얻었느니라. 믿음으로 모든 세계가 하나님의 말씀으로 지어진 줄을 우리가 아나니 보이는 것은 나타난 것으로 말미암아 된 것이 아니니라."(히 11:1~3)

나를 만난 사람들이 이 세 가지를 지켜 다들 수십 년간 정체되었던 자신의 한계를 돌파하고 큰 성과물을 얻어냈습니다. 그들도 나처럼 성령님과 교제를 나누며 천재적인 책을 쓰고 강연을 하고 넓은 집으로 이사 가고 천국같이 행복하고 안정된 가정을 이루었습니다. 당신도 완전히 믿으면 큰 성과물을 얻게 될 것입니다.

주위 사람에게 물으면 끝장이다

믿음으로 일을 시작하고 진행할 때 주의해야 할 점이 있습니다. 무엇일까요? 일이 끝날 때까지 주위에 떠벌이지 말아야 한다는 것입니다. 당신이 뭘 한다고 떠벌이면 다들 자기 경험과 지식으로 안 된다고만 말합니다. "말도 안 돼. 그게 어떻게 가능해?"

안 된다고 하는 사람들은 다 거절하고 차단하고 함께 있지 말아야 합니다. 마음의 내탕고를 지켜야 합니다. 내탕고는 국가의 보물을 담아 두는 비밀 창고를 말합니다. 당신의 마음에 내탕고를 만들고 비밀을 굳게 지켜야 합니다. 일이 다 끝날 때까지 사람들에게 떠벌이지 말고 입술을 굳게 다물어야 합니다. 그래야 중간에 방해받지 않고 그 일의 끝을 보게 됩니다.

죽을병에 걸렸던 히스기야가 하나님의 응답을 받고 해 그림자가 십도 물러가는 엄청난 기적을 응답받았습니다. 그는 순간 마음이 들떠 자만에 빠졌습니다. 그때 마침 바벨론 왕이 위로의 편지와 예물까지 보내오자 내탕고의 모든 것을 사자에게 보여주었습니다. 그 결과 하나님이 주신 모든 복을 잃게 되었습니다.

"히스기야가 대답하되 '그림자가 십도를 나아가기는 쉬우니 그리할 것이 아니라 십도가 물러갈 것이니이다' 선지자 이사야가 여호와께 간구하매 아하스의 일영표 위에 나아갔던 해 그림자로 십도를 물러가게 하셨더라. 그때에 발라단의 아들 바벨론 왕 부로닥발라단이 히스기야가 병 들었다 함을 듣고 편지와 예물을 저에게 보낸지라. 히스기야가 사자의 말을 듣고 자기 보물고의 금은과 향품과 보배로운 기름과 그 군기고와 내탕고의 모든 것을 다 사자에게 보였는데 무릇 왕궁과 그 나라 안에 있는 것을 저에게 보이지 아니한 것이 없으니라. 선지자 이사야가 히스기야 왕에게 나아와서 이르되 '이 사람들이 무슨 말을 하였으며 어디서부터 왕에게 왔나이까?' 히스기야가 가로되 '먼 지방 바벨론에서 왔나이다' 이사야가 가로되 '저희가 왕궁에서 무엇을 보았나이까?' 히스기야가 대답하되 '내 궁에 있는 것을 저희가 다 보았나니 나의 내탕고에서 하나도 보이지 아니한 것이 없나이다' 이사야가 히스기야에게 이르되 '여호와의 말씀을 들으소서. 여호와의 말씀이 날이 이르리니 무릇 왕궁의 모든 것과 왕의 열조가 오늘까지 쌓아 두었던 것을 바벨론으로 옮긴바 되고 하나도 남지 아니할 것이요 또 왕의 몸에서 날 아들 중에서 사로잡혀 바벨론 왕궁의 환관이 되리라' 하셨나이다."(왕하 20:10~18)

끝을 볼 때까지 입을 억만 배나 봉하라

당신은 어떤 일이든 쉽게 떠벌이지 않습니까?

나는 큰 일이 완전히 끝날 때까지는 주위 사람들에게 말하지 않습니다. '거차함'을 기억하십시오. 혈통과 육정과 사람의 뜻을 내세우는 사람들을 모두 거절하고 차단하고 함께 있지 마십시오. 함께 앉아 밥을 먹고 커피를 마시면 이것저것 다 말하게 됩니다.

일이 다 끝날 때까지 거차함 곧 '거절, 차단, 함께 있지 않음'의 법칙을 지키십시오. 그래야 사람의 뜻이 끼어들지 못합니다.

예수님은 "하나님의 큰일을 진행할 때는 길을 가면서 사람들에게 인사도 하지 마라"고 하셨습니다. "하나님의 부르심을 따를 때는 부모님께 인사하고 오는 것도 나중에 하라"고 하셨습니다.

일이 다 끝나면 그때 성과물을 손에 들고 사람들을 만나야 합니다. 그러면 다들 성공했다고 인정합니다.

"와, 대단하다. 어떻게 책을 써냈어?"

"와, 놀라운데, 어떻게 그렇게 넓은 집을 샀어?"

"와, 벤츠를 몰고 다니네? 크게 성공했나 봐."

"와, 전국과 세계를 다니며 수억의 영혼들에게 복음을 전하고 있다고? 죽은 자가 살아나고 병든 자가 낫는다고?"

"객지에 가서 교회를 개척하고 선교 사업을 시작한다고?"

내가 지금까지 그랬습니다. 나는 일을 시작하고 진행할 때 주위 사람과 절대로 의논하거나 떠벌이지 않았습니다. 다 끝난 후에도 1년, 2년이 지나서야 말했습니다. 성령님과 함께 일을 진행하며 힘든 일도 많았고 남몰래 고생한 일도 많았지만 아무에게도 말하지 않았습니다. 그런 내용을 책에 모두 담아냈습니다. 내가 쓴 책을 보고 다들 대단하다, 존경한다고 말했습니다. 당신도 당신의 고생담과 성공담 등 모든 스토리를 책으로 말하면 됩니다.

성령님의 음성을 듣고 조용히 움직이십시오. 혈통과 육정과 사람의 뜻이 개입하지 못하게 하십시오. 그래야 성공합니다.

하나님의 축하와 칭찬으로 만족하라

내가 왜 모든 것을 비밀로 진행했을까요?

내가 하나님의 사람이기 때문입니다. 하나님의 사람은 하나님의 음성만으로도 잔이 넘친다고 믿는 사람입니다. 부모님과 친척, 친구와 형제, 동창들에게, 곧 주위 사람들에게 인정받기 위해 떠벌일 필요가 없다는 것을 알기 때문입니다.

아무리 힘들어도 하나님이 "잘하고 있다"고 한 마디만 하시면 끝입니다. 아무리 성공해도 하나님이 "잘했다"고 한 마디만 하시면 끝입니다. 하나님의 사람인 나는 사람들의 축하와 칭찬에 목마르지 않습니다. 하나님의 음성만으로도 내 잔이 넘칩니다.

"여호와는 나의 목자시니 내게 부족함이 없으리로다. 주께서 내 원수의 목전에서 내게 상을 차려 주시고 기름을 내 머리에 부

으셨으니 내 잔이 넘치나이다.”(시 23:1, 5)

몸과 마음이 불편해도 일을 진행하라

당신의 인생은 한번뿐입니다.

더 큰 꿈을 꾸고 더 크게 일을 저질러야 합니다.

했던 일만 계속 반복하면 몸과 마음이 편할 것입니다.

그러다가 새로운 일을 시도하게 되면 몸과 마음이 불편합니다. 몸과 마음이 불편하다고 그 모습 그대로 살다 끝날 것입니까? 아닙니다. 새로운 차원의 영역에 도전하고 진입하고 점령해야 합니다. 그래야 당신이 원하는 것을 다 얻게 됩니다. 어떤 일이 있어도 중간에 포기하면 안 됩니다. 포기하면 끝입니다.

몸과 마음이 불편해도 집을 사십시오.

몸과 마음이 불편해도 땅을 사십시오.

몸과 마음이 불편해도 책을 써내십시오.

몸과 마음이 불편해도 강연을 하십시오.

몸과 마음이 불편해도 전도를 하십시오.

몸과 마음이 불편해도 외국인과 대화하십시오.

몸과 마음이 불편해도 벤츠를 사십시오.

몸과 마음이 불편해도 롤렉스시계를 사십시오.

몸과 마음이 불편해도 사업을 하십시오.

몸과 마음이 불편해도 대출을 받으십시오.

몸과 마음이 불편해도 상담을 받으십시오.

몸과 마음이 불편해도 결혼을 하십시오.

몸과 마음이 불편해도 아기를 가지십시오.

몸과 마음이 불편해도 아기를 낳으십시오.

몸과 마음이 불편해도 빌딩을 지으십시오.

몸과 마음이 불편해도 여행을 하십시오.

몸과 마음이 불편해도 취직을 하십시오.

몸과 마음이 불편해도 코치를 하십시오.

몸과 마음이 불편해도 코치를 받으십시오.

몸과 마음이 불편해도 드라이브를 하십시오.

몸과 마음이 불편해도 산책을 하십시오.

몸과 마음이 불편해도 물 위를 걸으십시오.

몸과 마음이 불편해도 홍해를 건너십시오.

몸과 마음이 불편해도 반석을 명하십시오.

몸과 마음이 불편해도 귀신을 내쫓으십시오.

몸과 마음이 불편해도 병든 자에게 손을 얹으십시오.

몸과 마음이 불편해도 원하는 것을 부탁하십시오.

몸과 마음이 불편해도 럭셔리셀러를 구입하십시오.

몸과 마음이 불편해도 럭셔리셀러를 만들어 파십시오.

몸과 마음이 불편해도 외국어로 책을 쓰십시오.

몸과 마음이 불편해도 외국어로 강연하십시오.

몸과 마음이 불편해도 전 세계를 다니며 대형전도집회를 열고 수백만 명을 모아 놓고 복음을 전하십시오.

그래야 당신의 인생이 성장하고 성과물을 얻게 됩니다.

당신은 느낌이나 컨디션을 따라 움직이는 사람이 아닌 믿음으로 실천하는 믿음의 거장입니다. 당신은 100조 원짜리 대기업입니다. 일인 기업인 당신 자신에게 크게 투자하는 것이 가장 현명한 투자입니다. 아낌없이 과감하게 투자하십시오. 어떤 문제가 생겼다면 백배로 크게 생각하십시오. 그러면 쉽게 해결됩니다.

현명한 사람만이 두 번째까지 이뤄 낸다

로건 피어솔 스미스는 이런 말을 했습니다.

"인생에서 목표로 삼아야 할 것은 두 가지다. 하나는 원하는 바를 이루는 것이고 또 하나는 그것을 즐기는 것이다. 오직 현명한 사람만이 두 번째까지 이뤄 낸다."

내가 바로 그런 사람입니다. 나는 원하는 것을 다 이루었고 또 그것을 최대한 즐기고 있습니다. 당신도 그렇게 살아야 합니다.

오늘도 여덟 시간 푹 자고 아침 6시에 일어나 벤츠 스포츠카를 몰고 드라이브부터 먼저 했습니다. 오픈하고 '바앙' 올림픽대로를 달리면 파란 하늘이 눈에 들어오고 시원한 바람에 머리털이 휘날립니다. 귓가에는 루치아노 파바로티의 맑고 깨끗한 노래가 크게 울립니다. 순간 쾌감이 머리 위로 폭발합니다. 그리고 카페에 와서 커피를 마시며 책을 읽고 깨달음을 얻고 책을 씁니다.

나의 삶과 깨달음을 담은 내 책은 나의 분신이 되어 내 대신 전국과 세계를 다니며 강력하게 복음을 전하고 있습니다.

내 책은 나의 직원이고 나의 홍보 대사이며 내 대신 목숨을 내

놓은 순교자와 같습니다. 내 책에는 발이 달려 있어 아프리카 오지와 북한과 중국 땅 구석구석까지 걸어 들어갑니다. 내 책에는 날개가 달려 있어 전 세계 어디든 순식간에 날아갑니다. 지금도 책 전도, 책 선교, 책 상담, 책 양육이 한창 진행되고 있습니다.

당신이 책을 한 권 써낸 것은 몇 개 대학교를 세운 것보다 낫고 수십 명의 선교사를 파송하고 수백 개의 교회를 개척한 것보다 낫습니다. 책은 한 시대이고 한 사상이며 한 국가입니다.

책은 천 년 동안 남습니다. 당신도 나처럼 책을 써내십시오.

내 평생 가장 잘한 일이 책을 써낸 것입니다.

나는 오늘도 행복에 푹 젖어 듭니다. 세상 모든 것이 아름답게 보입니다. 아, 정말 행복합니다. 예수님, 사랑합니다.

"천국같이 살다가 천국으로 갑시다."

받았다는 믿음으로 크게 생각하라

당신은 연애한 경험이 있습니까?

나는 연애 경험이 정말 많습니다. 지금도 한창 진행 중입니다.

당신은 언제 마지막 연애를 했습니까? 지금도 연애하고 있습니까? 나는 어떻게 연애하게 되었을까요?

아, 첫 데이트 신청 받은 날의 기쁨

내 연애 이야기는, 아주 오래전의 일입니다.

나는 신을 만났고 그분과의 연애가 시작되었습니다.

처음으로 성령님이 나에게 임하셨다는 그 기쁨은 받은 자 외에는 알 수가 없습니다. 받은 자만이 느낄 수 있는 놀라운 체험이었습니다. 너무나 기쁘고 감사했습니다. 세상이 얼마나 아름답게 보였던지 말로 다 표현할 수 없었습니다. 원더풀! 뷰티풀!

정말로 인생의 그 모든 것을 내가 다 가진 것 같았습니다.

인생의 만족함을 처음으로 경험했던 시절이었습니다.

당신도 그런 경험이 있지 않습니까? 없다면 이 책을 통해 그런 경험을 하게 될 것이며 당신의 인생은 완전히 바뀔 것입니다.

내가 열아홉 살 때 처음으로 예수님을 믿고 교회에 갔을 때 작은 개척 교회였는데 목사님은 밤낮 40일 금식하며 산상기도, 철야기도 등 오직 기도로 목회를 이끄는 분이었습니다. 그분은 늦게 예수님을 만나 목회했기 때문인지 예수님을 사랑하는 열정이 남달랐습니다. 그분은 윤병이 목사님이십니다.

나는 몇 년 전 여름에 시간을 내어 부산에 계신 그분을 찾아가 인사드렸습니다. 이제는 세월이 흘러 검은 머리카락이 은빛 머리카락으로 반짝반짝 빛났습니다. 그때 목사님께서 40일 금식기도를 10번째 끝내셨다는 말을 듣고 나는 깜짝 놀랐습니다.

그 시절 한 겨울밤에 청년들을 데리고 산상기도를 가신다며 비닐과 두꺼운 옷을 준비하여 함께 산에 올라갔습니다. 그분은 "무덤 사이에 앉아 회개하고 소나무 한 그루씩 뽑고 방언 은사를 달라고 기도하라"고 하셨습니다. 그때 내 나이가 20세였고 같이 올라간 몇몇 청년들이 방언 은사를 받아 목사님께 얘기할 때 얼마나 부러웠는지 모릅니다. 나는 고민이 되었습니다.

당신도 혹시 나처럼 방언 은사를 달라고 구했는데도 받지 못하여 '왜 나는 못 받지? 왜 나만 안 주시는 걸까? 내가 하나님 앞에 회개를 다 하지 못한 것이 무엇이 있는가?'라고 생각하며 회개하려고 안간힘을 쓰고 있지는 않습니까? 그렇게 기도했는데도 못 받으니 하나님이 내게는 안 주시려나 보다 하고 포기한 상태였습니다. 당신은 무엇을 포기했습니까? 끝까지 믿으십시오.

나는 예상하지 못했던 순간에 반전으로 놀라게 하시는 예수님을 만났습니다. 나는 직장 생활을 하며 주일학교 교사와 찬양대에서 봉사하고 또 청년회에서 청년들을 섬겼습니다. 여름휴가 기간이 되면 어김없이 3일은 여름성경학교로 봉사하고 3일은 기도원으로 가서 영혼의 쉼을 얻는 것이 나의 20대였습니다.

　그날도 여름성경학교를 마치고 기도원에 도착했는데 예배를 마칠 때쯤 강사님께서 두 손을 높이 들고 하나님께 회개 기도를 하라고 하셨습니다. 나는 회개할 것이 생각났지만 '내 옆에서 다른 사람들이 내 기도 내용을 듣게 되면 어쩌지? 이럴 때 나도 방언으로 기도하면 좋을 텐데'라고 생각했습니다.

　그리고 아주 작은 목소리로 기도하는 순간 나의 혀가 휘말리면서 "라라라랄" 하고 마치 따발총 소리처럼 크게 울리기 시작했습니다. 그 소리는 멈출 줄 모르고 계속 나왔습니다. 내 뒤에 계시던 권사님들이 산에 올라가서 계속 기도하라고 귀띔을 주셨습니다. 나는 산에 올라가서 계속 방언으로 신나게 기도했습니다.

　처음에는 "라라랄" 하다가 중국 방언이 나오다가 일본 방언이 나오다가 다른 외국말로 계속 바뀌었습니다. 방언 은사를 받은 당일에 산에 올라가서 기도하는데 계속 바뀌더니 나중에는 한 단어로 고정되어 흘러나왔습니다.

방언은 하나님이 거저 주시는 선물이다

　당신은 성령을 체험하고 방언을 받기 위해 무엇을 해야 한다고 생각하십니까? 성령과 은사는 값을 지불하고 사야 하는 상품이 아닌 하나님이 값없이 주시는 선물입니다. 선물은 주는 사람이 값을 다 지불하고 받는 사람에게 거저 주는 것입니다.

당신은 예수 그리스도가 땀과 피와 눈물을 다 흘리시므로 2000년 전에 성령과 은사에 대한 값을 지불하고 이미 다 이루어 놓으셨다는 것을 믿고 인정해야 합니다. 이것이 은혜입니다.

"어리석도다. 갈라디아 사람들아, 예수 그리스도께서 십자가에 못 박히신 것이 너희 눈앞에 밝히 보이거늘 누가 너희를 꾀더냐? 내가 너희에게서 다만 이것을 알려 하노니 너희가 성령을 받은 것이 율법의 행위로냐? 혹은 듣고 믿음으로냐? 너희가 이같이 어리석으냐? 성령으로 시작하였다가 이제는 육체로 마치겠느냐? 너희가 이같이 많은 괴로움을 헛되이 받았느냐? 과연 헛되냐? 너희에게 성령을 주시고 너희 가운데서 능력을 행하시는 이의 일이 율법의 행위에서냐? 혹은 듣고 믿음에서냐? 아브라함이 하나님을 믿으매 그것을 그에게 의로 정하셨다 함과 같으니라." (갈 3:1~5)

믿음으로 의로워지고 믿음으로 성령과 은사를 받습니다.

나는 나의 행위로 말미암아 성령의 선물을 달라고 떼쓰고 떼쓰다 지쳐 포기했던 어리석음을 후에야 깨달았습니다.

하나님의 구원도 성령 충만도 모두 하나님의 선물입니다.

예수를 구주로 믿는 사람 속에는 성령님이 아마존 강같이 가득히 들어와 계십니다. 이미 주신 성령을 달라고 금식하며 소망하며 기도했을 때는 하나님이 주지 않고 침묵하셨습니다. 그렇게 있는 힘을 다했을 때는 전혀 반응하시지 않다가 내가 정말로 필요할 때 성령님께서 나의 생각과 마음을 아시고 주셨습니다.

때때로 부모는 '자녀가 무엇이 꼭 필요하겠구나'라고 생각되어질 때 그 자녀가 말하지 않아도 챙겨 줍니다. 물론 대부분은 구해야 받습니다. 많은 사람이 내게 이런 질문을 합니다.

"그러면 어떻게 해야 성령을 선물로 받습니까?"

첫째. 성경에는 성령은 사모하는 자에게 주신다고 하셨습니다. 성령은 인격을 갖고 계시므로 그분을 인격적으로 존중해 드려야 합니다. 범사에 주인으로 인정해 드려야 합니다.

둘째, 깨끗한 마음이 되도록 먼지를 털어 주고 떼를 닦아 주어야 합니다. 성령의 은사를 받으려면 나의 마음에 먼저가 없도록 날마다 순간마다 예수님의 십자가 보혈을 의지하며 담대히 보좌 앞에 나아가야 합니다. 마음의 찌꺼기를 예수님의 십자가 앞에 내려놓으면 즉 잘못을 고백하면 주님의 보혈로 깨끗해집니다. 성경에 "만일 우리가 우리 죄를 고백하면 저는 미쁘시고 의로우사 우리를 모든 불의에서 깨끗하게 하시겠다"고 약속하셨습니다.

셋째, 구했다면 받은 줄 믿고 기다리면 됩니다. 예수님은 "너희가 믿고 구한 것은 받은 줄로 믿으라"고 말씀하셨습니다. 조급해 하거나 불안해하지 말고 낙심하거나 포기하지도 마십시오.

모든 염려를 주님께 맡겨 버리면 주님께서 돌봐 주신다고 약속했습니다. 그러므로 방언의 은사를 받기를 원하면 성령을 더욱 사모하고 하나님 앞에 잘못한 것이 있을 때는 작은 것이라도 고백함으로 용서를 받으십시오. 가장 중요한 것은 믿음으로 구하였다면 받은 줄 믿고 기다려야 한다는 것입니다.

그러면 가장 좋은 때에 주십니다. 그 때와 시기는 내가 정할 수 없고 주시는 분의 마음입니다. 선물을 주시는 분은 성령님이십니다. 성령 하나님께서 주고자 하시는 때가 가장 좋은 때요 가장 적합한 때이므로 믿고 기다리면 반드시 주십니다. "아들까지 아끼지 않으신 이가 성령을 주시지 않겠느냐?"고 했습니다.

하나님이 당신에게도 성령의 은사를 반드시 주십니다.

방언을 받았으면 소중히 여겨라

당신은 하나님이 주신 방언을 잘 활용하고 있습니까?

나는 그 무더운 여름, 집에 와서 방문과 창문을 닫고 땀을 뻘뻘 흘리며 옷이 흠뻑 젖도록 방언으로 기도했습니다. 방언으로 인해 나의 기도 생활이 더 즐거워졌습니다. 한두 시간 무릎 꿇고 기도해도 짧은 시간 기도한 것같이 시간이 금방 지나갔습니다.

"내 기도하는 그 시간 그때가 가장 즐겁다"고 했던 찬송가 가사가 생각났습니다. 성령님께서 나의 모든 것을 통달하셔서 방언으로 기도하게 하시고 미리 모든 일들을 이루고 성취하고 이끌어 주셨습니다. 교회에서의 봉사도 회사 생활도 가족들에게도 언제나 기쁨으로 성령님의 인도함을 받으며 했습니다.

교회 담당 전도사님은 내가 부모님을 전도했다고 나에게 효녀라고 했습니다. 그리고 나를 아는 사람들은 나에게 "아름답다, 예쁘다, 멋있다, 웃는 얼굴, 스마일, 천사 같다" 등의 말을 했습니다. 회사에서는 사장님과 직원들의 신임을 얻었습니다.

회사 사장님은 나에게 중요한 업무를 맡기고 대리로 승진시켰습니다. 회사에서 여직원을 뽑을 때도 모든 권한을 나에게 주셨습니다. 나는 당시에 어린 나이에 고졸이었는데 대졸 여직원을 직접 면접하고 3명을 채용하여 내가 업무 지시를 하게 했습니다.

서울 본사에서는 나를 부사장이라고 불렀습니다. 사장님이 나에게 중요한 모든 일들을 다 일임하셨습니다. 너무 믿어 주셨습니다. 직원들은 나보다 나이가 많은 분들임에도 불구하고 어린 나에게 자신들의 삶을 털어 놓았습니다. 맛있는 음식도 많이 사주셨습니다. 가족들도 나를 인정해 주었습니다.

아버지는 "우리 경란이는 크리스천이다, 그냥 교회 다니는 애가 아니다, 진짜 예수쟁이다"라며 자랑스럽게 말씀하셨습니다. 또 언니들끼리 서로 말하는 것도 들었는데 "경란이가 변했다, 불같은 성격이 얌전해졌다, 경란이가 말하는 것은 콩을 팥이라 해도 믿는다"고 했습니다. 정말 그랬습니다.

나는 얌전하면서도 불같은 성격이 있었습니다. 그러다 말씀대로 살아야지 하면서 차츰차츰 내 삶에 변화가 왔습니다. 언니들은 엄마가 소천하고 없으니 기가 죽은 것은 아닌가 하는 염려까지 했습니다. 동네 사람들은 나만 보면 "아이쿠, 효녀다 효녀!"라며 칭찬하셨습니다. 성령을 처음 받았을 때의 그 황홀한 기쁨을 글로 다 표현할 수가 없습니다.

"하늘을 두루마리 삼고 바다를 먹물 삼아도 한없는 하나님의 사랑 다 기록할 수 없도다"라는 찬송가 작사자의 심정이 어떠했는지 알게 되었습니다. 너무도 아름다운 세상이 내 눈앞에 펼쳐 졌습니다. 나는 버스를 타고 가면서도 버스를 기다리면서도 잠시 라도 전도하지 않으면 안 될 것 같아 만나는 사람에게 무작정 전 도하기 시작했습니다.

방언으로 기도를 하니 날마다 기쁨이 샘솟고 생기가 넘쳤습니 다. 살맛이 났습니다. 요즘 사람들이 힘들다고 자살하는 사람이 있습니다. 그렇게 죽고 싶은 마음이 있다면 이미 죽었다고 생각 하고 예수 믿고 성령 받아 새사람으로 사십시오. 그러면 하나님 께로부터 살아갈 힘과 용기, 지혜를 얻게 됩니다.

성령은 살리는 영입니다. 성령은 기쁨의 영입니다. 성령은 절 제의 영입니다. 성령은 당신을 천국으로 인도하십니다. 성령님을 만나십시오. 나는 성령님께 붙들린 성령의 사람이 되었습니다.

예전에는 사람과 만나서 대화하는 것이 즐거웠으나 이제는 성 령님과의 시간을 갖는 것만큼 귀한 것이 없음을 깨달았습니다.

인생에서 제일 행복할 때가 연애 시절이 아닐까 합니다.

나는 요즘 다시 사랑에 푹 빠졌습니다. 나를 제일 잘 아시는 분, 나를 제일 사랑하시는 분, 나와 함께하길 원하시는 분. 나도 그분과 늘 함께합니다. 성령님과 연애하니 정말 행복합니다.

당신도 나처럼 지금 연애를 시작하십시오. 이 나이에 무슨 연 애냐는 말은 하지 마세요. 지금이 사랑하기 딱 좋은 나이입니다. 어떻게 연애를 해야 할까요? 너무 오래 되어 잊으셨나요?

첫째, 둘만의 시간을 따로 만드십시오.

둘째, 둘만의 테이트 코스를 정하십시오. 테이트 코스는 만날 때마다 장소가 바뀔 수 있습니다.

셋째, 친밀한 대화를 나누십시오.

성령님과 연애하면 당신의 삶에 넘치는 에너지가 생성됩니다.

옛날에 이런 노랫말이 있지요? "사랑을 하면은 예뻐져요. 아무리 못생긴 아가씨도 사랑을 하면은 예뻐져요."

요즘 남편이 나를 보고 "당신은 중년의 나이에도 옛날보다 더 젊고 더 건강해 보여! 갈수록 더 예뻐지는데"라고 말합니다.

성령님과 사랑하면 내면이 강건해지고 그것이 밖으로 표출되어 더 예뻐 보입니다. 요즘 사람들은 외모가 예뻐지는 것에는 물질도 시간도 아끼지 않고 투자합니다. 그래서 성형외과가 잘되고 피부 미용실이 번창하며 미용 관련 제품들이 불티나게 팔리고 있는 것입니다. 그런데 내가 비밀 정보를 하나 알려드리겠습니다.

당신이 만약 주님과의 첫 사랑을 회복한다면 신의 성품으로 당신의 내면이 꽉 채워져서 인생의 목마름이 없어질 겁니다. 뿐만 아니라 덤으로 당신의 얼굴빛이 달라집니다. 얼굴에서 생기가 돌고 피부도 핑크빛으로 예뻐집니다.

당신이 첫 테이트 했던 그 행복한 마음을 회복하면 당신은 세월을 아끼는 지혜로운 자가 됩니다. 당신의 세월은 당신의 인생이 포함되어 있습니다. 당신의 인생에는 물질과 시간도 있습니다. 세상에 많은 사람들이 물질과 시간을 투자하여 외모를 가꾸지만 당신은 세월을 아끼는 지혜로운 자가 되어야 합니다.

"누구든지 목마르거든 내게로 와서 마셔라. 나를 믿는 자는 그 배에서 생수의 강이 흘러나리라"고 했습니다. 당신도 지금 연애하지 않으실래요? 당신 안에 가득히 계신 성령님의 얼굴을 바라보며 늘 함께 다니며 대화하세요. 당신의 첫 사랑이신 성령님과 만나 테이트 하면 놀랍게 동안피부(童顔皮膚)가 됩니다.

말씀을 읽던 중 하나님의 음성을 듣다

말씀을 읽는 중에 하나님의 음성을 들은 적이 있습니까?

나는 말씀을 읽다가 아주 강하게, 꼼짝 못할 만큼 내 가슴에 그 말씀이 콱 박히는 경험을 했습니다. 그날 나는 완전한 몸의 치료를 체험했습니다. 그리고 성령님의 음성을 들었습니다.

내가 직장 생활을 할 때 언제부터인지 허리가 몹시 아파서 굽히지도 못하고 옆으로 돌리지도 못하고 앉을 때도 걸을 때도 심한 통증을 느끼게 되었습니다. 게다가 양쪽 무릎이 쑤시고 아파서 운동선수들이 하는 무릎 압박 붕대를 하고 다녔습니다. 심지어 잠을 자다가 옆으로 몸부림을 치면 허리 통증으로 자다가도 순식간에 눈에서 눈물이 흘러 베개를 적시곤 했습니다.

나는 너무도 아파서 걸음을 걷는 것조차 힘들었습니다. 계단을 오르내리기가 힘들었고 말로 다할 수 없는 고통으로 도저히 직장을 다닐 수가 없었습니다. 그래서 직장에 사표를 냈습니다.

젊은 나이에 허리가 아프고 무릎이 아프다고 말하는 것이 창피해서 다른 사람에게는 알리지 않고 결혼한 큰언니와 아버지와 남동생에게만 알렸습니다. 그랬더니 언니는 "허리 아픈 것은 결혼해서 애기 하나 낳고 산후 조리만 잘 하면 금방 낫는다. 걱정하지 말고 선보고 결혼해라" 하면서 주일마다 선을 두세 번씩 보라고 했습니다. 큰언니의 말을 안들을 수 없어 일단 선을 봤습니다. 그때 나는 나도 모르게 무조건 복음을 전했습니다.

그렇게 예수님을 중매했더니, 중매쟁이를 통해 언니가 하는 말이 "제발 교회 얘기, 예수 얘기는 하지 마라"였습니다. 하지만 아무리 하지 않으려 해도 그냥 나오는 걸 어쩔 수가 없었습니다. 그렇게 전도하며 선을 많이 보았는데 보는 사람마다 나보고 결혼하자고 했습니다. 나는 도저히 믿지 않는 자와는 결혼을 할 수 없어서 큰언니에게 더 이상 선을 보지 않겠다고 말했습니다.

당시 큰언니에게 그렇게 말하는 데는 용기가 필요했습니다. 어머니 소천 이후로 큰언니를 엄마 대리로 생각했기 때문입니다. 나는 하나님 앞에 40일을 작정하고 매일 하루에 네 번씩 기도하기 시작했습니다. 기도 제목은 아픈 허리와 무릎을 치료해 달라기보다 믿음의 사람을 만나 결혼하게 해 달라는 내용이었습니다. 그렇게 해서 큰언니 말대로 결혼하고 애 낳아 산후 조리 잘해서 아픈 허리와 무릎을 치료받고 싶은 마음에서였습니다.

주일에는 교회 가는 것 외에는 오직 집에서 성경 읽고 기도하며 시간을 보냈습니다. 텔레비전도 전화도 모두 사절했습니다. 그때 당시 다니엘이 내 신앙의 롤 모델이었습니다. 그래서 '다니엘은 하루에 세 번씩 기도했으니 나는 네 번은 해야 되지 않을까' 라고 생각하여 하루 네 번의 기도 시간을 정하였던 것입니다.

40일 작정기도를 시작하고 19일째 되던 밤 1시에 내 방에서 혼자 기도하는 순간 너무나도 밝고 강렬한 빛이 위에서부터 나를 비췄었습니다. 순간 내 온몸이 진동되었으며 내 기도가 지금 하나님 앞에 상달되고 있다는 느낌이 들었습니다. 그 빛이 사라질 때까지 두 눈을 더욱 꼭 감고 있었습니다.

그리고 드디어 40일 작정기도가 끝났습니다. '이제는 믿음의 배우자를 만나겠구나' 생각했는데 40일이 지나고 열흘이 더 되어도 아무런 응답이 없었습니다. 낙심이 되었습니다. 친구가 같이 밥 먹자고 전화가 와서 친구 집에서 밥을 먹고 전축에서 흘러나오는 음악을 들으며 오랜만에 차도 마시고 얘기를 나눴습니다.

그때 그 친구가 내게 이렇게 말했습니다.

"너는 주일도 놀러 가지 않고 교회에 가서 예배하고 봉사도 많이 하는데 왜 네가 믿는 하나님은 너의 기도를 들어주지 않니?"

그 말을 듣는 순간 놀랐습니다. 작정기도 해도 응답이 없어서 하나님께 원망하는 마음이 살짝 들었는데 친구에게 그런 말을 들으니 너무도 자존심이 상했습니다.

그래서 친구 집에 갈 때, 친구 집에서 밥 먹고 놀다가 저녁에 수요예배 드리려고 가방에 넣어 갔던 성경책을 집으로 돌아와서 가방째로 내동댕이쳤습니다. 그리고 벽에 걸려 있는 겟세마네 동산에서 마지막 기도하시는 예수님 사진을 보며 소리를 쳤습니다.

"나는 그 동안 친구도 안 만나고 이렇게 기도했는데……"

그러면서 나는 하나님 앞에 내 의를 내세우기 시작했습니다.

"무릇 우리는 다 부정한 자 같아서 우리의 의는 다 더러운 옷 같으며 우리는 다 잎사귀 같이 시들므로 우리의 죄악이 바람 같이 우리를 몰아가나이다."(사 64:6)

나 혼자 방안에서 큰 소리로 엉엉 울었습니다.

"하나님이 살아 계신다면 왜 내 기도에 응답해 주지 않나요? 왜 내가 친구에게 그런 말을 들어야 합니까? 내가 하나님의 자녀인데 왜 자녀의 기도를 들어주지 않습니까?"

이것은 '나의 자존심 이전에 하나님의 자존심의 문제'라고 하나님께 협박하듯이 소리 높여 울었습니다. 울다가 지쳐 잠이 들었는데 늦은 밤에 맛있는 후라이드치킨 냄새와 함께 아버지의 목소리가 들렸습니다. "경란아, 일어나서 치킨 먹자."

나는 자리에서 벌떡 일어났습니다. 내 얼굴은 퉁퉁 부었고 눈이 벌레에 물린 것처럼 엄청나게 솟아올라 있었습니다. 아버지와 남동생은 나의 이런 모습을 보고 아무 말도 하지 않았습니다. 나를 배려했던 것입니다. 나는 실컷 울고 실컷 자고 실컷 먹고 나서 내 방의 창문을 활짝 열고 밤하늘의 별을 보며 잠시 생각했습니다. 신기하게도 그렇게 하나님에 대해 화났던 마음은 이내 사라지고 내 생각이 다시 정리되었습니다.

'하나님은 분명히 살아 계시고 19일째 내게 비췄던 강렬한 빛은 분명히 하나님이 살아 계신 증거인데 내 기도가 응답이 없는 이유가 과연 무엇일까? 혹시 내가 기도를 잘못 한 것은 아닌가? 하나님이 내게 원하시는 것은 무엇인가? 진짜로 하나님은 누구신가? 어떤 분인가? 내가 이렇게 기도해도 안 들어주시면 도대체 내가 이제는 어떻게 기도해야 하나? 성경을 다시 읽자. 그리고 그 속에서 답을 찾아보자'라는 마음이 생겼습니다.

그 밤에 곧바로 문방구로 달려갔습니다. 5월이라 늦은 밤인데도 문방구에 불이 켜져 있었습니다. 나는 500원짜리 누런 스프링 연습장을 한 권 구입했습니다. 그리고 내 방으로 와서 다시 차근차근 성경 말씀을 읽기 시작했습니다. 정독하며 스프링 노트에 깨달음을 기록했습니다. 성경에 밑줄을 그으면서……

그러다가 요한복음을 읽는데 예수님의 부활하셔서 제자들에게 나타난 사건에서 멈추었습니다. 도마에게 예수님이 나타나셔서 "내 손을 만져 보고 내 옆구리에 손을 넣어 보아라. 너는 나를 본 고로 믿느냐? 보지 않고 믿는 자가 복되도다"(요 20:27~29)라고 하신 말씀을 눈으로 읽는데 갑자기 '경란아, 너는 나를 보고야 믿느냐? 보지 못하고 믿는 자가 복되도다'라고 하시며 직접 하나님의 말씀이 내 가슴에 확 하고 다가와 박혔습니다.

분명히 나는 활자로 찍힌 글을 읽고 있었는데, 마치 큰 소리로 나를 안타깝게 여기시는 목소리가 들렸던 것입니다. 깜짝 놀라서 순간 바로 무릎을 꿇고 두 손을 성경책 위에 올리고 "하나님, 제가 도마였습니다. 저는 보고야 믿는 도마입니다. 의심 많은 도마였던 저를 용서해 주세요. 그리고 이제부터는 보지 않고 믿는 큰 믿음을 주세요"라고 간절히 기도했습니다.

허리와 무릎 아픈 것이 치료되다

눈을 떠서 시계를 보니 새벽 3시가 조금 넘었습니다.

정신이 말똥말똥하여 잠이 오지 않았습니다. 그날이 주일 새벽이며, 성령강림주일이었습니다. 잠이 오지 않았지만 주일예배와 주일학교 교사로 아침 8시까지 가야 하므로 잠시 눈을 붙이기로 했습니다. 그래서 이불을 펴고 불을 *끄고* 잠자리에 눕는 순간, 내 입에서 "앗! 뜨거워!" 계속 내 입에서 "앗! 뜨거워! 이게 뭐예요? 왜 이리 뜨거워요? 주님" 하고 말하는 순간 바로 내 입에서 "아, 이게 치료하는 광선이군요. 주님께서 나를 치료해 주시는군요. 주님 감사합니다"라고 말이 흘러나왔습니다.

"일어나서 감사의 기도를 해야지" 하면서 몸을 아무리 움직이려고 해도 머리끝에서 발끝까지 강렬한 파란 불빛에 싸여 내 온몸이 꼼짝도 할 수가 없었습니다. 일어나려고 안간힘을 쓰다가 깨어 눈을 떠보니 새벽 5시였습니다. 그 순간 나도 모르게 자리에서 벌떡 일어났습니다. 할렐루야! 허리와 무릎이 아픈 후로 그렇게 자리에서 벌떡 일어난 것은 정말 꿈같은 일이었습니다.

이전에 나는 마치 로봇처럼 누워 몸을 옆으로 조심조심 돌리며 아주 천천히 겨우 일어났었는데 '아니, 이게 어떻게 된 일이지?' 하는 순간 내가 나았다는 생각이 들었습니다.

'아! 그럼 이게 꿈이 아니구나. 진짜 하나님이 치유하는 광선으로 나를 고쳐 주셨구나. 오, 하나님! 감사합니다.'

우리의 의는 다 더러운 옷 같다

예수님이 채찍에 맞음으로 나는 이미 나음을 입었습니다.

나의 연약함과 질병을 예수님께서 십자가에서 대신 짊어지고 죽으시고 부활하심으로 나는 건강하게 되었습니다. 강건해졌음에도 그 사실을 믿지 않고 나의 땀과 수고로 값을 지불하려고 또 내가 눈물을 흘리며 이미 예수님이 지불한 대가를 다시 치르려고 했던 것입니다. 그러면서 나의 의를 드러내고 있었던 것입니다.

"내가 40일 작정기도 했으니까, 밤낮으로 울며 간절히 기도했으니까"라며 예수님이 이미 지불하신 것을 또 다시 내가 수고하고 애씀으로 내 의를 내세우며 그 보상으로 치료해 달라는 기도를 했던 것입니다. 내가 수고롭게 40일 작정기도를 해도 그때는 주님의 응답이 없었습니다. 이제는 기도할 힘이 다 빠지고 없을 때 "이렇게 기도해도 응답이 안 되면 이제 어떻게 해야 하지?"라고 할 때, 나의 행위를 더 이상 할 수 없게 되었을 때, 단지 하나님이 어떤 분인가를 말씀 속에서 찾을 그때에 하나님은 나에게 말씀으로 만나 주셨으며 나를 완전히 치료하셨습니다.

"우리의 의는 다 더러운 옷 같으며……:"(사 64:6)

나의 의가 나를 구원하는 것이 아닙니다.

죄인인 나를 예수 그리스도가 십자가에서 다 용서하시고 죄를 사하심으로 나를 의롭다고 불러 주셨습니다. 예수를 믿음으로 인하여 내가 의인이 된 것입니다. 이것이 칭의(稱義, justification)입니다. 칭의는 예수 그리스도를 믿는 사람을 의롭다 선언하시는 하나님의 은혜를 가리킵니다. 행위가 아닌 은혜입니다.(롬 3:24)

의로워지는 것도 믿음으로 성령 충만 받는 것도 믿음으로 병고침 받는 것도 믿음으로입니다. 결코 내 행위로 말미암아 되는 것이 아닙니다. 예수님이 십자가에서 피와 땀과 눈물을 쏟으며 모든 값을 지불하셨다는 것을 인정하는 믿음으로 가능합니다.

그리스도가 우리의 의로움이 되셨습니다.(고전 1:30)

세 가지 놀라운 깨달음을 얻다

나는 그날 새벽 5시에 일어나서 허리를 돌려보고 앉았다 일어났다 해보고 누워서 다리를 한쪽씩 올려 보고 또 양쪽을 올려 보았습니다. 아무런 통증도 없이 자유자재로 움직여지는 내 몸이 신기하기만 했습니다. 일어나는 것이나 앉는 것도 돌아눕는 것조차 안 되고 잠결에 한번 움직일 때면 너무 아파 눈물로 베개를 적셨는데 이렇게 눈 깜짝할 사이에 완전히 내 몸이 치료된 사실을 알고는 너무너무 감사하여 "하나님, 감사합니다"가 터져 나왔습니다. 그렇게 말하는 그 짧은 순간에 세 가지 깨달음이 순식간에 내 가슴에 와 닿았습니다. 그리고 내 입으로 말했습니다.

첫째, 하나님은 모든 사람을 사랑하시는구나.

둘째, 하나님은 질서의 하나님이시구나.

셋째, 하나님은 모든 것을 합력해서 선을 이루시는구나.

이렇게 짧은 순간의 깨달음을 그날 새벽 이불 위에 서서 내 입으로 소리 내어 말하고 있었습니다. 이때부터 허리와 무릎이 튼튼해졌습니다. 치료하는 광선이 무엇인지 내 몸으로 체득하게 되었습니다. 당시 부산 수영로교회 정필도 목사님이 금요철야예배 시간에 자주 말씀하시던 그 치료하는 광선이 바로 이것이구나 하면서 성경 말씀을 찾아보았습니다.

"내 이름을 경외하는 너희에게는 공의로운 해가 떠올라서 치

료하는 광선을 비추리니 너희가 나가서 외양간에서 나온 송아지 같이 뛰리라."(말 4:2)

그때 느낀 것이 몇 가지 있습니다. 사람이 힘들고 지칠 때는 하나님 앞에 나와 실컷 울어야 된다는 것, 잠을 푹 자고, 맛있는 음식을 먹고 나면 마음이 차분해지고 엉킨 생각들이 정리되어 문제를 바라보는 관점이 바뀐다는 것을 깨달았습니다.

또한 나의 기도에 응답해 주지 않는다고 울면서 하나님을 원망하는 기도를 할 게 아니라 '내가 무엇인가 깨닫지 못한 게 있지 않을까'라는 생각을 해야 합니다. 그리고 하나님의 말씀 앞에 앉아 예수님을 더 깊이 묵상하면 주님이 만나 주십니다. "나를 간절히 찾는 자를 내가 만나리라"고 말씀하셨기 때문입니다.

성령 충만도 하나님의 선물이다

나는 내가 할 수 있는 힘을 다해 기도했습니다.

그리고 하나님께 "내가 이러이러했으니 내 기도를 들어주세요"라며 나의 의를 드러내고 나의 의를 주장하고 항의하듯 부르짖었던 것입니다. 내가 힘을 다해 죽도록 기도해야만 하나님이 나의 기도를 들어주시는 줄 알았는데 그것이 아니었습니다.

이미 하나님은 그 아들 예수 그리스도로 말미암아 나의 목마름에 응답하셨습니다. 주님이 이미 성령님으로 내 안에 가득히 와 계신데 그걸 모르고 나는 내 밖에서 주님을 찾았습니다.

그리고 주위 사람들에게 내가 죽어라고 기도했기 때문에 하나님이 나의 땀과 눈물을 보시고 응답했다고 잘못 말했던 적도 있었습니다. 사실은 이미 십자가에서 다 이루어 놓으셨는데 말입니다. 모든 것은 내 의가 아닌 하나님의 은혜입니다.

나의 하나님은 지금도 살아 계십니다. 나를 사랑하십니다. 당신도 사랑하십니다. 나의 모든 것을 다 아셔서 내가 생각만 해도 응답해 주십니다. 이런 크고 놀라우신 하나님이 '나의 아빠'라는 사실이 얼마나 자랑스러운지 모릅니다. 그래서 나는 아빠를 날마다 기쁘게 하며 왕의 자녀로서 당당히 살아갑니다.

당신도 살아 계신 하나님께 당신의 모든 것을 오직 믿음으로 구하고 그분이 이미 이루신 것을 믿고 기다리십시오. 그분은 당신의 모든 것을 다 알고 계십니다. 당신을 다 보고 계십니다. 당신의 작은 소리까지도 다 듣고 계십니다.

여호와 라파의 하나님을 찬양합니다! 여호와 삼마의 하나님을 찬양합니다! 엘샤다이 하나님을 찬양합니다!

성령님의 음성을 따라 움직이라

당신도 성령의 음성을 들은 적이 있습니까?

나는 성령님의 음성을 들었습니다. 나는 성령님의 분명하고 단호한 음성을 들었습니다. 나는 너무 기쁘고 좋아서 큰언니에게 전화해서 하나님께서 나를 치료하셨다고 전화하려고 수화기를 들었습니다. 그 순간 분명하고 단호한 성령님의 음성이 이번에는 내 귀로 들려왔습니다. 내 방에서 사방을 둘러봐도 아무도 없는데 "절제하라"고 똑똑히 내 귀에 들려왔습니다.

절제는 성령의 열매인데, 그럼 언니에게는 말을 하면 안 되나 보다 생각하고 아버지와 남동생이 있는 방문을 노크하려고 손을 드는 순간 또 다시 성령의 음성이 들려왔습니다. "절제하라."

그제야 나는 지금 이 기쁜 소식을 아무에게도 알리지 말라는 성령님의 음성임을 알고 '그럼 언제까지 입을 다물고 있어야 하나요? 이렇게 기쁜데?' 하면서 주일을 맞이했습니다. 나는 성령님의 음성에 순종했지만 누군가에게 알리고 싶은 마음은 꿀떡같았습니다. 그렇게 2달이 지난 어느 주일 청년예배 시간에 그날은 청년회 담당목사님이 말씀 전하지 않고 정필도 목사님이 설교를 다 하신 후에 이렇게 말씀하셨습니다.

"지금 하나님의 큰 은혜를 받고 너무 기뻐 말하고 싶어서 입이 근질근질한데 꾹 참고 있는 자매가 있는데 하나님께서 오늘 예배 후에는 얘기해도 된다고 하십니다."

그 소리를 듣는 순간 나는 너무 기뻤습니다.

'왜 하나님께서 나에게 말하지 못하게 하셨을까? 나에게 성령의 열매인 절제의 힘을 기르게 하시기 위함인가? 내가 말하면 내 의를 자랑하므로 절제하라 하셨는가?'

어쨌든 나는 기뻐서 예배가 끝나자마자 청년회 그룹장에게 내가 할 말이 있으니 5분만 시간을 달라고 해서 마이크를 잡고 두서없이 받은 은혜를 전했습니다. 그렇게 말하고 나니 가슴이 얼마나 후련하고 시원했는지 모릅니다. 치료를 받았을 때보다 두 배로 더 상쾌했습니다. 하늘을 날아갈 것 같았습니다. 막혔던 속이 뻥 뚫리는 기분이었습니다.

그때 하나님은 나에게 인내와 절제를 가르쳤습니다. 그래서 지금도 나는 절제를 잘합니다. 나 스스로에게 마음속으로 '~해야지, ~말아야지' 등, 생각해보면 지금까지 모든 것을 잘 절제할 수 있었던 것이 그때 이후부터였습니다.

지금도 친히 말씀하시는 하나님

당신이 믿는 하나님은 어떤 하나님이십니까?

내가 믿는 나의 하나님은 지금도 친히 말씀하시는 하나님입니다. 성경 기록은 66권으로 끝났지만 하나님은 성경에 나오는 내용을 내 삶에 적용시키기 위해 세미한 음성으로 말씀하십니다.

하나님은 그분의 음성으로 친히 나의 이름을 불러 주십니다.

때로는 나의 마음 속 깊은 곳에서부터 맑고 깨끗한 소리가 올라오고, 때로는 부드러운 목소리로 내 옆에서 단호하게 말씀하시고, 때로는 내 뒤에서, 때로는 조용한 장소에서, 때로는 시끌벅적한 장소에서 세미한 음성으로, 때로는 이른 새벽에, 때로는 한밤중에, 때로는 낮에, 시간과 장소에 구애받지 않고 그분은 필요시에 반드시 찾아오셔서 말씀하십니다.

때로는 위로해 주시고, 때로는 깨달음을 주시고, 때로는 오셔서 친히 머리에 안수도 해주시는 전지전능하신 하나님이십니다. 나에게 찾아와서 친히 말씀하신 성령 하나님을 말로 다 표현할 수는 없지만 지금도 분명히 살아 역사하십니다.

나는 참으로 부족하고 연약하고 무능하며 어리석은 사람이었습니다. 그런데 하나님의 성령이 임하시니 강하고 유능하며 지혜로운 사람이 되었습니다. 나는 성령님과 함께하며 언제나 그분을 인정하고 모시고 살아갑니다.

하나님보다 사람을 먼저 생각하면 하나님의 뜻을 거스르게 될 때도 있습니다. 물론 사람을 사랑하지만 언제나 하나님이 먼저입니다. 여호와의 영이시요 예수 그리스도의 영이신 성령님께서 이시간도 당신과 함께하십니다. 성령 하나님은 실제로 내안에 살아계십니다. 지금도 말씀하시고 치유하시는 하나님이십니다.

소명에는 두 가지 형식이 있다

당신은 어떻게 소명을 받으셨습니까?

나는 "너는 내 것이라"는 하나님의 부르심에 응답하였습니다.

나는 하나님의 부르심에 응답하지 않을 수 없었습니다.

최근에 목회대학원에서 차준희 교수님에게 예언서를 배우고 있는데 소명에는 두 가지 형식이 있다고 하셨습니다. 이사야식 소명과 예레미야식 소명입니다. 이사야식 소명은 "내가 여기 있나이다"라고 지원하는 지원병이고 예레미야식 소명은 억지로 어쩔 수 없이 지명된 착출병이라고 했습니다.

'나는 예레미야식 소명자구나'라고 생각되었습니다.

청년회 때 희자라는 자매가 나에게 신학교 지원서를 들고 "너랑 나랑 신학교 입학하자"며 집으로 왔습니다. 그때 나는 끝까지 안가겠다고 하여 희자라는 친구만 신학교 입학했고 지금은 서울에 있는 한 목사님의 사모로 지내고 있습니다.

그때 친구가 나에게 했던 말이 생각납니다.

"경란아, 너는 예레미야이고 나는 이사야라고 주님이 기도하는 중에 내게 말씀하셨어."

나는 그때 코웃음을 쳤습니다. 몇 년의 세월이 지난 어느 날, 나는 죽으면 죽으리라는 각오를 하고 주변의 지인들에게 알리지 않고 오산리금식기도원에 21일 금식 기도하러 갔습니다.

내 인생 문제를 해결하기 위해서였습니다.

사랑하는 딸아, 내가 너를 안다

당신은 인생에서 죽을 만큼 힘든 시기가 있었습니까?

그때 당신은 어떻게 반응했습니까? 나는 너무 힘든 일이 있어 주님이 아니면 해결이 안 된다고 생각한 적이 있습니다. 내 마음은 참으로 절박했습니다. 그래서 남편에게 3살 된 어린 아들을 부산에 계신 어머님께 데려가서 돌봐 달라고 부탁하라고 하고는 가방을 챙겨서 기도원으로 출발했습니다.

나는 당시 우리 교회 전도사님의 소개로 신학생인 남편을 만났습니다. 그가 믿음의 가정이며 불기둥이라는 말에 나는 아무런 조건도 필요하지 않다고 생각했습니다. 내가 다니던 부산 수영로교회 청년회 시절에 몇몇의 자매들이 비밀리에 불도 켜지 않고 매주 한번씩 교육관 3층에서 결혼을 놓고 기도회를 했습니다.

함께 기도했던 자매들이 모두 목회자 사모가 되었습니다.

나도 수영로교회에서 많은 사람들의 많은 축하와 부러움을 받으며 목사님의 주례로 결혼했습니다. 남편은 모태 신앙이었으나 율법주의적인 교회에서 신앙생활을 했습니다.

내가 다니던 수영로교회 정필도 목사님은 초등학교 6학년 때 방언 은사를 받았기 때문에 성령 하나님을 인정하며 방언 기도와 통성기도를 맘껏 할 수 있었습니다. 그런데 남편은 여러 가지 이유로 사역을 내려놓았습니다. 그래서 나는 당시 하나님께 기도하다가 죽겠노라는 각오로 오산리기도원으로 달려갔습니다.

21일 동안 물만 먹고 하루 4번의 예배를 참석하며 오로지 주님만 바라보았습니다. 오산리기도원에서 오후 3시 성령충만기도회 시간에 사람들이 성전에 꼭 들어찼습니다. 너무 많은 사람으로 인해 자리가 비좁을 지경이었습니다.

말씀을 마치고 통성으로 기도하는 시간에 전심으로 "주여!" 하며 큰 소리로 방언 기도를 했습니다. 사람들의 소리가 너무 많아 와글와글했습니다. 저마다 갈급한 마음에 큰소리로 부르짖는 기도를 드렸습니다. 그 시끌벅적한 통성기도 시간에 나의 배 밑에서 아주 조용하고 부드러운 세미한 음성이 들려왔습니다.

'사랑하는 딸아, 내가 너를 안다. 내가 네 눈물을 보았노라. 내가 너를 도우리라. 너는 아무것도 염려하지 말라. 내가 너와 함께할 것이니라.'

나는 주님이 나를 안다는 말에 그저 눈물이 흘렀습니다. 주님이 아신다는 말이 제일 위로가 되었습니다. "아! 주님이 아시는

구나. 주님이 나를 아시면 된 거야!" 하며 큰 기쁨의 마음으로 21일 금식기도를 마치고 보호식을 한 후에 집으로 돌아왔습니다.

하나님, 저는 할 수 없습니다

남편도 언니도 주변의 믿음의 사람들이 나에게 신학을 하라고 했을 때 나는 하지 않겠노라고 거절했습니다. 나는 뒤에서 기도는 하지만 직접 나서서 사역하는 것은 못한다고 안한다고, 말도 할 줄 모르고 지혜도 부족하고 정말 자신이 없어서 안 한다고 했습니다. 그때 사방이 다 막히고 오로지 하늘 문만 열려 있었고 나의 찬송가는 오직 '주 없이 살수 없네'였습니다.

"하나님, 나는 할 수 없습니다. 정말 내가 신학을 해서 주의 종의 길을 가야 한다면 사람들 그 누가 말해도 나는 안 하겠습니다. 설령 목사 할아버지가 말해도 나는 안 하겠습니다. 오직 지금도 말씀하시는 하나님께서 직접 말씀으로 나에게 응답을 주시면 하겠습니다. 그렇지 않고는 절대로 할 수 없습니다."

나는 계속 기도하며 남편에 대해 말씀드렸습니다.

"남편도 신학을 하고 사역을 하다가 내려놓았는데 사용하시려면 차라리 남편을 고쳐서 사용하세요. 나는 기도만 하겠습니다. 나는 말도 할 줄 모르고 사람들 앞에 서는 것이 싫어요. 그러니 남편을 쓰세요."

내가 너를 지명하여 불렀다

당신도 기도하는 습관이 있나요?

나는 눈을 뜨면 습관적으로 제일 먼저 무릎 꿇고 기도하는 것이 길들여져 있었습니다. 그러던 어느 날 새벽에 눈을 뜨고 습관적으로 무릎 꿇고 베개를 끌어안은 채 "주님!" 하고 기도하던 중 비몽사몽간에 깊은 산속 시냇가에서 맑은 물이 흐르는 소리가 나더니 주님의 음성이 들려왔습니다. 그 음성은 너무도 맑고 깨끗했습니다. 주님은 그 청아한 음성으로 말씀을 읽어 주셨습니다.

"내가 너를 구속하였고 내가 너를 지명하여 불렀나니 너는 내 것이라. 네가 물 가운데로 지날 때에 내가 너와 함께 할 것이라. 강을 건널 때에 물이 너를 침몰하지 못할 것이며 네가 불 가운데로 지날 때에 타지도 아니할 것이요 불꽃이 너를 사르지도 못하리니 대저 나는 여호와 네 하나님이요 이스라엘의 거룩한 이요 네 구원자임이라."(사 43:1~3)

그 음성을 듣고 내 마음이 너무나 기뻤습니다.

'아! 정말 주님이시군요.'

'나를 부르신 것이 맞구나.'

그리고 나는 "주님이 가라시면 이제 가겠습니다. 그런데 예수전도단에서 하나님의 음성을 들으면 세 번 돌다리를 두들겨 보라고 훈련받았습니다. 그러니 정말 나를 전혀 모르는 세 사람을 통하여 세 번의 확증을 주세요. 그러면 앞으로 사역하다가 힘들어도 뒤돌아서지 않겠습니다"라고 기도했습니다.

그때도 지금도 그분들이 누구인지 알지 못하지만 진짜로 하나님은 세 번의 확인을 시켜 주셨습니다. 아는 것이 있다면 그들

모두 주의 종이었다는 것입니다. 한 분은 집 근처에 부흥회를 인도하러 오신 여전도사님이셨습니다. 부흥회 마지막 날에 남편이 가자고 하여 따라가서 맨 뒷자리에 앉아 있었습니다. 부흥회 마지막 날이라 대언 기도를 해주겠다고 하여 많은 사람들 앞에서 봉투에 적인 이름만 보고 기도하셨습니다.

"하나님께서 신학 공부를 하랍니다. 3월에 입학하세요."

또 한번은 남편이 서울에 있는 교회에서 집회가 있으니 같이 가자고 했습니다. 아기를 엎고 따라 갔습니다. 그곳에서 기도 사역으로 협력하는 여성분이 있었습니다. 내게 오더니 아무것도 묻지 않고 그저 기도를 해주셨습니다.

"하나님이 사모의 영과 주의 종의 영을 둘 다 주셨습니다. 많은 영혼들이 보입니다. 하나님께서 주의 종으로 부르셨습니다."

마지막 한번은 남편이 서울에 영성 집회에 가자고 하여 또 따라갔습니다. 그곳이 어디인지 기억도 안 납니다. 그곳에 원장 목사님이 남편을 위해 기도하다가 갑자기 내게 다가오더니 나를 위해 기도해 주셨습니다. 그리고 "하나님의 종의 길을 가야 합니다"라고 얘기해 주시고는 다른 곳으로 가셨습니다.

나는 듣는 순간 "네, 하나님. 이제는 아무 소리하지 않고 신학교 갈게요. 대신 나의 생활을 다 책임져 주세요. 나는 주의 종이 물질이 없어서 초라한 것은 싫습니다. 사람 앞에서 절대 돈이 없다는 말은 하지 않겠습니다. 그리고 절대 돈을 빌리지도 않겠습니다. 아버지가 주시는 대로 살겠습니다. 물질로 고통 받는 일이 없게 주님이 채워 주세요. 신실하신 주님을 찬양합니다."

돈이 없다는 말을 하지 말라

　정말 지금까지 사람에게 돈이 없다고 말하지도 않았으며 사람에게 돈을 빌려 달라고 말한 적도 없었습니다. 남들은 어려우면 IMF라고 말하지만 나는 언제나 채우시는 주님으로 인해 IMF가 없었습니다. 주시면 주시는 대로 감사하며 살았습니다.

　예수님은 우리 인생들을 위해 죽음을 각오하고 이 땅에 오셨습니다. 그리고 친히 십자가에 달려 죽으심으로 우리의 죄의 문제, 목마름의 문제, 가난의 문제, 질병의 문제, 어리석음의 문제, 징계의 문제, 죽음의 문제를 다 해결하셨습니다. 십자가에서 "다 이루었다"(요 19:30)고 말씀하셨습니다, 그리고 사흘 만에 사망의 권세를 깨고 다시 살아나셨습니다.

　부활의 영이신 예수 그리스도는 지금 예수님을 믿는 자에게 성령으로 들어와 계십니다. 이 사실을 믿는 자는 의인이라 칭함을 얻었습니다. 배에서 생수의 강이 흘러나옴으로 인생의 목마름이 완전히 해결되었습니다.

　또한 재벌 총수이신 예수님이 우리를 부요케 하려고 친히 가난을 짊어지셨습니다. 그러므로 우리의 가난의 문제가 해결되었습니다. 또한 예수님이 채찍에 맞음으로 우리의 질병과 연약함이 해결되었습니다. 나는 부요하고 건강합니다.

　지혜의 근본이신 예수 그리스도가 내 인생의 어리석음을 다 해결하셨고 내게 지혜를 넘치게 주셨습니다. 또한 예수님이 우리를 대신해 징계를 받음으로 내가 평화를 누리게 되었습니다. 예수님의 부활하심으로 영원한 생명을 얻되 넘치게 얻었습니다.

하늘과 땅의 모든 권세가 다 주님의 것입니다. 우리가 믿는 하나님은 우주의 재벌 총수이십니다. 그분이 우리의 아버지이십니다. 그분은 항상 자녀들의 모든 것을 알고 계십니다.

"너희 하늘 아버지께서 이 모든 것이 너희에게 있어야 할 줄을 아시느니라."(마 6:32)

내가 믿는 하나님은 이런 분이다

당신은 하나님이 어떤 분이라고 믿고 있습니까?

내가 믿는 하나님은 첫째, 지금도 말씀하시는 하나님입니다.

그렇습니다. 하나님은 어제나 오늘이나 영원토록 동일하십니다. 자녀가 듣기 싫어하는 잔소리는 하지 않습니다. 다만 꼭 자녀가 들어야 할 말을 때에 맞게 하십니다. 특히 자녀에게 사랑이 필요할 때, 용기와 힘이 필요할 때, 지혜가 필요할 때, 간절히 무엇인가를 구할 때 말씀하십니다. 아브라함에게 말씀하셨습니다. 모세에게 말씀하셨습니다. 다윗에게 말씀하셨습니다. 많은 믿음의 선진들에게 말씀하셨습니다. 나도 하나님의 음성을 다양하게 들었습니다.

둘째, 기도를 들으시는 하나님입니다. 나의 생각과 묵상과 입으로 하는 모든 기도를 들으십니다. 심지어 작은 신음 소리까지도 다 알아들으십니다. 마치 애기가 옹알이를 하면 주변 사람들은 무슨 말 하는지 알 수 없지만 엄마는 그 옹알이를 다 알고 애기의 필요를 채우고 옹알이에 반응해 주십니다. 옆에서 보면 신기할 정도로 대화가 잘 통하는 듯이 보입니다.

셋째, 모든 것을 다 보시는 분이십니다. 코람데오(coram Deo)는 라틴어로 '하나님 앞에서'라는 뜻이 있습니다. 우리는 하나님 앞에서 살아야 합니다. 하나님이 모든 것을 보시기 때문입니다. 하나님은 가인이 아벨을 돌로 쳐 죽이는 것을 보셨습니다. 고넬료가 구제하는 것을 보셨습니다. 사울이 살기가 가득하여 다메섹으로 가는 것을 보셨습니다. 하나님은 불꽃같은 눈동자로 당신의 모든 생각과 행동을 보십니다.

지구 곳곳에 있는 많은 사람들을 정말 다 보실까요?

그렇습니다. 다 보십니다. 오늘날 과학이 그것을 입증합니다. 뉴스에 보면 cctv로 범인도 잡고, 블랙박스로 교통사고의 시시비비를 가리고, 동영상으로 공간의 제약 없이 촬영한 것을 볼 수 있습니다. 찍어서 핸드폰과 컴퓨터 등으로 동시에 봅니다. 과학자들은 우주의 지극히 작은 일부를 보고 연구하고 발견했을 뿐입니다. 하나님의 불꽃같은 눈은 그 무엇도 가릴 수가 없습니다.

죽고자 하면 사는 길이 열린다

하나님의 부르심에 당신은 어떠한 반응을 보이셨습니까?

지원병이었습니까? 착출병이었습니까? 물론 그런 것이 중요한 것은 아닙니다. 이사야식 소명이든 예레미야식 소명이든 부르심에 대한 확신이 있을 때는 지체하지 말고 순종하는 믿음으로 반응할 때 하나님이 참으로 기뻐하십니다.

우리가 믿음으로 기도한 것은 반드시 들어주신다는 사실도 잊지 말아야 합니다. 사람들끼리도 약속하면 지키려고 합니다. 성령님은 우리보다 더 확실히 약속을 지키십니다.

그렇습니다. 하나님은 지금도 말씀하시며 실제로 계십니다. 하나님은 당신이 하는 믿음의 기도를 다 듣고 응답하십니다. 하나님의 눈은 불꽃같은 렌즈로 모든 것을 다 보고 다 아십니다.

나는 "죽으면 죽으리라"는 각오를 했더니 그 무엇도 두렵지 않았습니다. 오히려 어느 때보다 더 마음이 담대해졌습니다. 죽을 각오를 하는 인생은 무서울 것도 아까울 것도 없다는 것을 알게 되었습니다. 그리고 하나님은 그런 내 모습을 다 보고 계십니다. 내 기도를 다 들으시고 말씀하십니다. 하나님은 살아 계십니다.

나의 모든 것을 아시는 성령님이 내 안에 계십니다. 그러므로 나는 더욱 나의 말과 행동을 구별되게 해야 함을 느꼈습니다. 기도할 때도 언어를 선별하고 천천히 생각하며 기도해야겠다는 마음이 들었습니다. 항상 성령님의 음성에 귀 기울여 잘 들어야 함을 다시금 인식하게 되었습니다.

지금, 당신을 부르는 소리가 들리십니까? 반응을 보이십시오. 부르신 이를 실망시키지 말고 기꺼이 대답하시기 바랍니다.

무의식의 방을 깨끗이 청소하라

당신은 오늘 무엇을 청소했습니까?

나는 내 안에 있는 무의식의 방을 깨끗이 청소했습니다.

나의 힘이 아닌 성령 하나님께서 말끔히 청소해 주셨습니다.

사람의 무의식 세계에는 세 개의 방이 있습니다. 본능의 방, 감정의 방, 정서의 방입니다. 알게 모르게 자신이 경험한 것들로 인해 긍정적인 감정과 부정적인 감정, 풍부한 정서와 메마른 정서, 그로 인해 좋은 태도와 나쁜 태도, 성실함과 불성실함 등 무의식에 잠재된 세계와 의식적으로 자라면서 부모와 스승과 어른들로부터 경험한 일이 모두 합해 그 사람의 인격을 형성합니다.

대부분 의식적인 부분은 인식을 하고 기억을 잘 떠올립니다. 당신도 그렇지 않습니까? 그러나 무의식적인 세계의 기억들은 쉽게 생각하지 못하는 경우가 많습니다.

나는 2001년 신학교를 졸업함과 동시에 인천에서 전도사의 직분으로 마음을 다하여 교회를 섬겼습니다.

내가 맡은 부서는 영아부, 유아부, 유치부, 유.초등부, 교구 이렇게 10년 이상 한 교회에서 맡겨주신 사역을 즐겁고 보람되게 감당했습니다. 유아부터 장성한 어른들까지 다양한 사람과의 만남을 통해 사람의 마음에 깊은 관심을 갖고 들여다보게 되었습니다. 그 결과 잘못 쌓여진 무의식의 쓰레기가 영적인 성장에 큰 방해 요소가 된다는 것을 알게 되었습니다.

무의식의 잠재된 부정적인 요소를 해결 받지 못하여 삶 속에서 어려움을 경험하는 성도들과 교역자를 많이 보았습니다. 나도 예전에는 그들 중의 한 사람이었습니다. 나는 나도 모르게 쌓여져 있던 마음의 쓰레기들을 내 힘이 아닌 성령의 능력으로 깨끗이 청소했습니다. 그래서 지금은 내 마음이 가볍고 행복합니다.

햇살이 가득한 날에 창문을 활짝 열고 집안의 먼지를 털어 내고 깨끗이 닦고 쓸면 집도 환하고 마음까지 밝아집니다.

당신도 청소하고 난 후의 그 개운함을 아실 겁니다. 그런데 먼지나 쓰레기 같은 것들이 눈에 보이는 집에만 있는 것이 아닙니다. 고귀한 당신의 마음에도 있다는 것을 아십니까? 이미 알고 깨끗이 청소했다면 그것은 정말 다행이고 아주 잘한 일입니다.

나의 무의식의 방에 귀하고 소중한 아름다운 추억들이 많습니다. 그래서 내가 인생을 살아가는데 때로는 용기를 주고 때로는 인내하게 하는 보석 같은 에너지들이 깊이 묻혀 있습니다.

그런데 무의식의 방 한 구석에는 나도 모르는 버려야 할 것들이 잔뜩 쌓여 역한 냄새를 풍기며 내 인생에 불쾌한 작용을 하고 있었습니다. 그래서 나는 그런 묵은 때를 청소하려고 많은 시간, 땀과 눈물을 흘렸습니다. 그러나 그것이 내 힘으로 없어지지 않음을 알게 되었습니다. 성령님의 도우심으로 가능한 것입니다.

당신의 무의식의 방에는 어떤 것들이 있습니까? 사람의 무의식에는 엄마의 태중에서부터 지금까지 우리가 보고 듣고 느끼고 경험한 좋고 나쁜 모든 것들이 고스란히 들어 있습니다.

당신의 어린 시절은 어떠했습니까? 당신은 아버지와 좋은 관계 속에서 행복한 시절만 보냈습니까? 아니면 아버지와 좋지 못한 기억이 살아 있습니까? 나는 어린 시절의 좋은 추억도 있지만 말도 꺼내기 싫은 아버지에 대한 기억도 있습니다. 그런데 가끔씩 아버지에 대한 행복한 추억을 상기할 때 그분과의 부정적이었던 나쁜 기억들이 하나씩 상쇄되는 것을 느꼈습니다.

그러나 완전히 없어지지 않고 늘 찌꺼기가 남아 있었습니다. 어떤 기억은 오히려 더 나를 힘들게 하고 누군가 눈치 챌까 봐 노심초사하며 불안했던 날도 있었습니다.

추억이 아닌 믿음을 따라 살라

당신도 나와 비슷한 경험을 한 적이 있습니까?

추억(追憶, Memory)은 '지나간 일을 돌이켜 생각하는 것'입니다. 추억이라 이름 하는 어떤 나쁜 것들은 무의식의 감정과 정서에 깊이 숨어 도사리고 있다가 어느 순간 나도 모르게 불쑥불쑥 튀어나와 깜짝 놀라게 하고 다른 사람도 당황하게 합니다.

이러한 나의 상한 감정과 부정적인 정서들 곧 '나쁜 추억들'은 내 힘과 내 의지로 지워지는 것이 아니었습니다. 그것들은 수시로 나의 태도와 얼굴 표정과 행동을 부자연스럽게 만들었습니다.

불쾌한 감정, 찢겨진 상처, 숨어서 나를 놀라게 했던 놈들을 내 힘과 내 뜻으로 지우고 싶어 오랜 세월 혼자 몸부림쳤습니다. 그러나 내가 땀과 눈물과 시간을 들여 청소해도 뭔가 남아 있는 찝찝함이 있었습니다. 도대체 어떻게 해야 할까요?

지금은 성령님의 도우심으로 청소가 다 되었고 그 결과 나는 이렇게 웃으며 그 비결을 당신에게 얘기할 수 있습니다.

나는 열아홉 살에 예수님을 나의 구주로 믿고 하나님께 믿음으로 반응했습니다. 그때부터 하나님의 영이신 성령님께서 나의 마음 속 깊이 숨어 있던 녀석들을 하나씩 하나씩 도려내는 수술을 해주셨고 그로 인해 내 마음은 아주 말끔해졌습니다.

나의 마음 속 깊은 곳 무의식의 세계에 있던 나쁜 요소들을 깨끗이 청소해 주셨던 것입니다. 그 자리에 예수님의 갈보리 십자가에서 흘리신 보혈로 완전히 덮어 주셨습니다. 그리고 성령의 새 기름을 바르심으로 지금 나는 건강한 하나님의 자녀의 정체성을 갖고 행복하게 살아가고 있습니다. 할렐루야.

나는 이제 더 이상 무의식의 세계에서 오는 나쁜 힘의 영향을 받지 않는 자유로운 마음이 되었습니다. 성령님은 나의 감정과 정서를 완전히 새롭게 하셨습니다. "그런즉 누구든지 그리스도 안에 있으면 새로운 피조물이라. 이전 것은 지나갔으니 보라, 새 것이 되었도다"(고후 5:17)는 말씀이 내 것이 되었습니다.

예수 그리스도로 말미암아 나의 무의식의 세계에 묵은 이끼가 제거되니 이제는 내 마음이 청명한 가을하늘처럼 깨끗하며 긍정적인 감정과 안정적인 정서, 나를 사랑하시는 성령님으로 인하여 아름다운 무지갯빛으로 변화되었습니다.

예수님의 십자가를 바라보라

당신도 나쁜 추억으로 인해 고통을 겪고 있지 않나요?

성령님을 의지하십시오. 성령님께 도움을 구하십시오. 그러면 그분이 하나씩 해결해 주십니다. "이는 힘으로 되지 아니하며 능으로 되지 아니하고 오직 나의 신으로 되느니라."(슥 4:6)

당신의 마음 속 깊은 곳에 나쁜 감정과 불안정한 정서들이 조금이라도 숨어 있다면 지체하지 말고 지금 예수님의 십자가 앞에 내려놓으십시오. "하나님, 제 마음의 나쁜 추억을 다 내려놓습니다. 예수님의 보혈로 깨끗이 씻어 주십시오"라고 말하십시오.

"그 아들 예수의 피가 우리를 모든 죄에서 깨끗하게 하실 것이요 만일 우리가 우리 죄를 자백하면 그는 미쁘시고 의로우사 우리 죄를 사하시며 우리를 모든 불의에서 깨끗하게 하실 것이요"(요일 1:7, 9)라고 했습니다. 예수의 보혈에 능력이 있습니다.

사탄은 당신의 연약한 모습을 바라보게 하며 자꾸 정죄하고 책망합니다. 하지만 성령님은 예수 그리스도의 십자가를 바라보게 하시며 그 흘리신 보혈을 믿는 마음으로 승리하게 하십니다. 오늘부터 예수의 피를 의지해 담대한 마음으로 살아가십시오.

성령님과 함께 갈보리 언덕의 십자가를 바라보십시오.

거기에서 당신의 인생의 모든 문제가 다 해결되었습니다.

그분이 십자가에서 당신의 모든 죄와 저주를 다 가져가셨습니다. 이 사실을 믿고 인정하면 당신의 마음에 자유를 얻게 됩니다. 결코 당신의 피와 땀과 눈물이 아닙니다. 예수님의 피와 땀과 눈물입니다. 예수님은 십자가에서 당신의 죄와 저주의 값을 다 지불하고 청산했습니다. 그분이 십자가에서 다 이루었습니다.

예수님의 십자가 사랑을 믿고 바라보십시오. 예수님은 당신의 상한 감정과 메마른 정서를 풍요롭게, 안정적인 심령으로 변화시켜 주십니다. 예수님은 당신의 전 인격을 변화시키십니다.

"내가 너희 중에서 예수 그리스도와 그가 십자가에 못 박히신

것 외에는 아무 것도 알지 아니하기로 작정하였음이라."(고전 2:2)

일평생 자신을 정죄하지 말라

원수 마귀는 당신을 정죄하고 죄책감에 시달리게 합니다.

그러나 그리스도 예수 안에 있는 자에게는 더 이상 정죄가 없습니다. "그러므로 이제 그리스도 예수 안에 있는 자에게는 결코 정죄함이 없나니 이는 그리스도 예수 안에 있는 생명의 성령의 법이 죄와 사망의 법에서 너를 해방하였음이라."(롬 8:1~2)

그리고 비교 의식으로 열등감과 수치심에 빠져 하나님을 똑바로 바라보지 못하게 합니다. 하나님의 자녀의 권세를 누리지 못하게 합니다. 그러나 그 모든 죄를 예수님이 십자가 위에서 다 해결하시고 "다 이루었다"(요 19:30)고 외치셨습니다.

당신이 그 예수님을 당신의 구주와 주인으로 마음으로 믿고 입으로 시인하면 나처럼 죄에서 완전히 해방됩니다. 당신도 나처럼 그리스도 안에서 의인이 됩니다. "진리를 알지니 진리가 너희를 자유롭게 하리라"(요 8:32)고 말씀하셨습니다.

예수님을 당신의 마음속에 믿고 '나의 주 나의 하나님'이심을 입으로 시인하십시오. 그러면 당신에게 하나님의 자녀가 되는 권세가 주어집니다. 놀라운 신분의 변화가 옵니다. 당신은 이 땅의 시민권을 가진 동시에 천국의 시민권자가 됩니다.

"영접하는 자 곧 그 이름을 믿는 자들에게는 하나님의 자녀가 되는 권세를 주셨으니"(요 1:12)라고 했습니다. 그렇습니다.

예수 그리스도가 당신의 모든 죄와 목마름을 대신 다 짊어지고 십자가에서 피와 물을 쏟으며 죽으셨습니다. 그리고 그분은 죄가 없는 하나님의 아들이십니다. 죽은 지 삼일 만에 다시 살아나셨습니다. 그리고 하늘로 올라가시며 약속하신 성령을 보내 주셨습니다. 성령님은 예수의 영이십니다.

부활의 영으로 오신 성령님께서 당신이 예수를 구주로 고백하는 순간 당신 안에 와 계십니다. 당신을 떠나지 않고 당신과 영원토록 함께 하십니다. "내가 세상 끝날까지 너희와 항상 함께 있으리라"(마 28:20)고 했습니다. 하나님은 당신과 함께 계시며 당신을 한없이 사랑하십니다. 이 사실을 믿으십시오.

무의식의 방을 청소하면 오는 변화

무의식의 방을 청소하면 어떤 변화가 있을까요?

첫째, 자존감이 회복됩니다. 무의식의 나쁜 감정으로 인하여 자신의 자존감이 낮아 누군가 무슨 말을 해도 열등감과 자격지심을 갖지 않습니다. 자신을 스스로 정죄하지도 않습니다. 타인을 정죄하는 어리석음을 범하지 않게 됩니다.

오히려 내가 하나님의 자녀이므로 자존감이 높아집니다. 나 자신에 대한 가치를 높이 평가하게 됩니다. 내가 얼마나 보배로운지 나의 존재 가치를 인정하게 됩니다.

둘째, 생각의 변화가 있습니다. 색안경을 끼고 보던 세상을 있는 그대로 볼 수 있습니다. 순수한 마음이 회복됩니다. 무슨 일을 해도 즐거운 마음으로 할 수 있습니다. 불순한 동기가 사라지고 바른 동기가 형성되며 메말랐던 감성도 풍부해집니다. 함께 기쁨과 슬픔을 나눌 수 있게 됩니다.

셋째, 태도가 달라집니다. 부정적인 태도가 제거됨으로 긍정적이며 적극적으로 변화됩니다. 말과 행동에도 변화를 일으킵니다. 하나님은 참 좋으신 분이십니다. 그래서 내가 경험한 모든 것을 인하여 더 좋은 것으로 이루시는 분이십니다. "우리가 알거니와 하나님을 사랑하는 자 곧 그 뜻대로 부르심을 입은 자들에게는 모든 것이 합력하여 선을 이루느니라."(롬 8:28)

부정적 요소 출입금지, 팻말을 세워라

나의 마음은 정금같이 단련되어졌습니다.

나는 겉모습은 약하고 순하게 보이지만 나의 속사람은 성령으로 강건해졌습니다. 나는 영의 세계와 의식과 무의식의 세계를 깨달아 알게 되었습니다. 나는 어느 순간 사람들의 마음의 숨은 동기까지도 감지하는 능력이 생겼으며 그것은 주의 종으로 사역하는데 많은 도움이 되었습니다.

나는 자신감이 증가되었고 대인관계도 편견 없이 있는 그대로 보는 눈을 얻게 되었습니다. 상대를 배려하는 넓은 마음도 생겼습니다. 때로는 알고도 모르는 척 속아 주는 여유로움도 생겼습니다. 자존감이 낮은 이들은 상대가 눈치 채는 것을 불안해하거나 두려워하기 때문입니다.

내 마음의 무의식 방에 있는 쓰레기를 청소하고 오히려 그 무의식 방 입구에 '부정적 요소 출입금지'라는 팻말을 세우고 믿음의 방패로 막았습니다. 그리고 그 앞에는 '성령의 소각장'을 설치했습니다. 내 마음을 지키기 위해서입니다.

"모든 지킬 만한 것 중에 더욱 네 마음을 지키라. 생명의 근원이 이에서 남이니라."(잠 4:23)

이제 이기적이고 욕심 많고 부정과 거짓을 행하는 사람, 도저히 이성으로 이해가 안 되는 사람들이 말하거나 행동하는 부정적이고 불유쾌한 감정과 정서를 느끼면 즉시로 예수 이름으로 명하여 마음에 들어오지 못하도록 금지 명령을 합니다. 그래도 꾸역꾸역 틈새로 들어온 것이 있으면 무의식의 소각장에 넣어 성령의 불로 다 태워 버립니다.

당신의 영적 성장을 방해하고 행복한 삶을 가로막는 장애물은 무엇입니까? 지금 당장 걷어 내고 청소하십시오. 성령님의 도우심으로 청소하면 이전보다 훨씬 건강하고 행복하게 됩니다.

예수 이름의 능력과 권세를 사용하라

당신은 어떤 기도를 하십니까?

나는 예수 이름의 권세와 능력을 주장하며 기도합니다.

예수 이름에 능력과 권세가 있습니다. 예수 이름으로 명령하는 기도를 해야 함을 기도하는 중에 성령님께서 깨닫게 하셨습니다. 그래서 성령님의 인도하심으로 정리한 〈선포명령기도문〉을 나침반출판사를 통해 소책자로 출간했습니다.

'어떻게 기도해야 할까? 기도해도 문제가 해결 받지 못하는 것은 무엇 때문일까?'라며 고민하고 기도하던 중에 성령님께서 명령하고 선포하며 기도하라는 마음을 주셨습니다. 그때 메모했던 내용을 중심으로 손안의 작은 책이 출간되었습니다.

처음에는 책을 내기 위함이 아니었습니다. 단지 지인들의 기도 요청이 많아 기도해 주겠다고 대답하고 기도를 안 해줄 수가 없으니 직접 기도하라고 컴퓨터로 찍어서 선교사들과 목회자들에게 주었고 친구에게 주었는데 엄정희 권사 친구가 말했습니다.

"요즘 교회에서 신앙생활 잘 하는데도 문제 해결이 안 되어 안타깝게 기도하는 이들이 많으니 이 기도 내용을 책으로 내어서 많은 사람들이 볼 수 있게 하라"는 것이었습니다.

나는 분량이 작고 책을 어떻게 내야 하는지 전혀 몰랐습니다.

그때 외국에 사는 미영 언니가 책을 구입해서 우편으로 보내 달라는 부탁이 와서 인터넷으로 몇 권을 구입했는데 인터넷으로 구입할 수 없는 책이 있었습니다. 그래서 직접 서점을 가서 구하고 계산을 기다리는 중에 계산대 앞에 놓여 있는 작은 소책자들을 보게 되었습니다. 좋은 기도문의 내용들이 많았지만 영적 전쟁과 관련된 선포명령기도문의 내용은 전혀 없었습니다.

집에 와서 "하나님, 친구의 권유도 있고 서점에서 소책자에 선포명령기도문이 하나도 없으니 제가 책을 내는 것이 하나님의 뜻이면 꼭 한군데, 한번만 원고를 의뢰해 보겠습니다. 그런데 어떻게 해야 합니까?"라며 기도했습니다.

그리고 책장 앞으로 가서 몇 권의 책을 골랐고 그 중에 세 군데 출판사를 놓고 다시 기도했습니다. "하나님, 이 세 곳 중에 어디로 정하면 좋을까요?" 계속 마음에서 나침반을 가리키는 것 같아서 나침반사에 전화를 했고 자료를 발송하게 되었습니다.

일주일 되는 날에 다른 지인들에게 선포명령기도문을 복사해 주기로 했는데 복사하려니 줄 사람이 많이 생각나서 인하대 앞에서 한 권에 2천 원씩 50권 복사를 맡겼습니다. 기다리는 중에 메일을 확인했더니 나침반 출판사에서 원고를 채택하겠다는 내용이 와 있었습니다. 밖으로 나가서 전화하고 대표님과 만났습니다. 대표님은 김용호 목사님이셨습니다. 극동방송에서 매주 토요일 '세상을 아름답게' 라는 프로에 MC로 오랫동안 진행해 오셨던 분인데 귀한 만남의 시간을 갖게 되었습니다.

처음에는 책 제목을 〈소리 내어 읽는 능력 기도문〉이라고 붙였습니다. 나침반출판사의 김용호 대표님께서 "이 기도 내용은 선포와 명령기도이므로 〈선포명령기도문〉으로 하면 어떻겠습니까?"라고 하셔서 제목을 바꾸었습니다.

예수 그리스도가 이미 십자가에서 죽으시고 부활하심으로 인해 당신이 받아 누려야 할 것들이 많습니다. 다 이루셨으므로 이제 남은 것은 명령하는 것입니다. 선포하는 것입니다.

예수님이 우리 인생의 모든 문제를 다 해결하셨습니다.

죄의 문제, 목마름의 문제, 가난의 문제, 질병의 문제, 어리석음의 문제, 징계의 문제, 죽음의 문제, 인생을 살아가면서 문제 없이 사는 인생이 없습니다. 그런데 우리 예수님이 인생의 모든 문제를 단번에 해결하셨습니다. 어디서 어떻게요?

2천 년 전 갈보리 언덕에서 죄 없으신 하나님의 아들 예수 그리스도가 죄인들의 형틀인 십자가에 달려 대신 죽으심으로 인생의 문제를 해결하셨습니다. 그리고 사흘 만에 부활하심으로 인해 예수 그리스도를 믿는 자에게는 영원한 생명을 주셨습니다.

당신이 안고 있는 문제가 무엇이든 상관없이 문제의 해결자이신 예수님께 완전히 맡기십시오. "수고하고 무거운 짐 진 자들아, 다 내게로 오라, 내가 너희를 쉬게 하리라."(마 11:28)

지금도 살아 역사하시는 빛 되신 예수 그리스도가 예수를 구주로 믿고 시인하는 자에게 성령으로 와 계십니다. 예수를 당신의 주인으로 마음에 모시면 됩니다. 그리고 입으로 주라 시인하면 됩니다. 그러면 만왕의 왕이요 만군의 주이신 하나님의 영 성령님께서 당신의 인생 전체를 인도해 주십니다.

성령님은 인격적인 분이십니다. 당신이 그분을 인정하고 모시고 동행하면 당신의 인생에 놀라운 은혜가 임합니다. 매일 아침에 일어나면 이렇게 말씀드리십시오.

"성령님, 사랑합니다. 오늘도 저를 인도해 주세요."

당신도 선포명령기도를 하라

당신은 선포명령기도를 어떻게 하십니까?
나는 선포명령기도를 이렇게 합니다.
"예수 이름으로 명하노니……"

"예수 이름으로 너를 엄히 꾸짖노니……"

그 뒤에 다음과 같은 구체적인 내용을 붙이면 됩니다.

"물러갈지어다! 떠나갈지어다! 사라질지어다! 파괴될지어다! 녹아질지어다! 말지어다! 나올지어다! 소멸될지어다! 벗어질지어다! 묶음 받고 떠나갈지어다! 열릴지어다! 부흥될지어다! 들릴지어다! 회복될지어다! 돌아올지어다! 움직일지어다! 작동될지어다! 가동될지어다! 발휘할지어다! 생성될지어다! 증가될지어다! 두 배로 증가될지어다! 백 배로 증가될지어다! 천 배로 증가될지어다! 만 배로 증가될지어다! 잘 될지어다! 온전해져라! 건강하라! 복이 임하라! 임할지어다! 채워질지어다! 치료될지어다!"

지금은 하나님이 예수의 이름을 성령 받은 당신에게 위임하셨습니다. 그러므로 당신이 입을 열어 믿음으로 명령해야 합니다.

"믿는 자들에게는 이런 표적이 따르리니 곧 그들이 내 이름으로 귀신을 쫓아내며 새 방언을 말하며 뱀을 집어 올리며 무슨 독을 마실지라도 해를 받지 아니하며 병든 사람에게 손을 얹은즉 나으리라 하시더라."(막 16:17~18)

"내가 진실로 너희에게 이르노니 누구든지 이 산더러 들리어 바다에 던져지라 하며 그 말하는 것이 이루어질 줄 믿고 마음에 의심하지 아니하면 그대로 되리라. 그러므로 내가 너희에게 말하노니 무엇이든지 기도하고 구하는 것은 받은 줄로 믿으라. 그리하면 너희에게 그대로 되리라."(막 11:23~24)

예수의 피와 성령의 기름 부음

예수의 피는 어떻게 덮고 뿌립니까?

예수 이름으로 선포명령기도를 한 다음에 예수의 피를 뿌리면 하나님의 보호하심을 받게 됩니다. 예수의 피를 입술로 선포하면 그 피의 능력을 경험하게 됩니다. "예수의 피를 뿌리노라! 예수의 피를 덮노라! 예수의 피를 바르노라! 예수의 피로 씻노라!"

사역할 때 성령의 기름은 어떻게 발라야 할까요?

"성령님, 아픈 부위에 기름을 부으소서. 성령의 기름을 바르노라! 성령의 불로 태우노라! 성령의 불로 병은 소멸될지어다!"

그러면 깨끗이 치료받고 질병과 연약함이 떠나가게 됩니다.

오직 믿음으로……

예수 이름으로 명하노니

예수 이름에 권세가 있습니다. 예수 이름에 능력이 있습니다.

예수의 피에 능력이 있습니다. 예수 이름으로 기도하고 예수의 피로 덮고 뿌리십시오. 그리고 성령의 기름을 바르십시오.

예수 이름은 잠긴 문을 여는 만능열쇠입니다. 예수 이름은 사용 한도가 무제한인 신용카드입니다. 예수 이름은 아무리 많이 사용해도 닳지 않고 마르지 않고 계속 흘러넘치는 생수입니다.

예수 이름은 세상에서 가장 아름답고 귀한 이름입니다. 모든 무릎이 예수 이름 앞에 무릎을 꿇고 굴복합니다.

"하늘에 있는 자들과 땅에 있는 자들과 땅 아래에 있는 자들로 모든 무릎을 예수의 이름에 꿇게 하시고……"(빌 2:10)

그러므로 당신도 오늘부터 예수 이름으로 명령하십시오. 예수 이름으로 선포하십시오. 당신에게 좋은 일이 일어납니다.

또한 예수 이름으로 당신의 정체성을 선포하십시오.

"나는 예수 이름으로 해방되었습니다. 나는 예수 이름으로 질병이 치료되었습니다. 나는 예수 이름으로 부요해졌습니다. 나는 예수 이름으로 건강합니다. 나는 예수 이름으로 성령 충만합니다. 나는 예수 이름으로 지혜롭습니다. 나는 예수 이름으로 생명을 얻되 넘치게 얻었습니다. 나는 예수 이름으로 평안합니다."

나는 오늘도 명령하는 기도를 했습니다.

"예수 이름으로 명하노니……"

많은 사람들이 그 책을 보고 변화를 얻었습니다. 외국에서도 지방에서도 전화가 오고 또 직접 찾아왔습니다. 나는 책을 통해 많은 분들을 만날 수 있었는데 모든 것이 하나님의 은혜입니다.

처음 책이 나왔을 때 혼자 입으로 이렇게 말했던 기억이 납니다. "이 책이 소책자라 가격이 저렴하지만 이 책의 내용 가치를 알고 바르게 잘 사용하는 사람은 천만 원, 일억이라도 아깝지 않을 만큼 큰 가치가 있는 책이다"라고 했던 것을……

그렇습니다. 책의 크기와 상관없이 내용의 가치가 중요합니다. 사람도 학벌, 외모, 재물 등과 상관없이 그 사람의 생각의 어떠한지가 중요합니다. 그런데 아무런 조건 없이 나의 가치를 높게 평가하시는 분이 있는데 바로 성령님이십니다.

하나님은 나의 존재 자체를 기뻐하시고 나의 존재 자체에 그 가치를 두고 계십니다. 나를 그 무엇과도 비교할 수 없다고 말씀하십니다. 나를 보배롭다고 하십니다. 나를 존귀하다고 하십니다. 나를 귀하게 보십니다. 그래서 나의 가치는 높습니다. 하나님은 당신도 사랑하십니다. 당신의 가치도 대단하게 보십니다.

예수 이름의 놀라운 권세와 능력을 마음껏 사용하셔서 하나님의 자녀로 당당히 누리며 다스리며 살아가십시오.

당신은 왕의 자녀입니다. 당신이 믿는 하나님이 만왕의 왕이요 만주의 주이십니다. 당신은 왕가의 왕세자요 공주입니다. 왕가의 품위를 유지하며 왕의 권세로 담대히 선포하고 모든 문제에 기선을 제압하십시오. 왕의 권세로 명령하며 다스리십시오.

나에게는 큰 꿈이 있습니다

당신은 어떤 꿈이 있습니까?

나는 지금까지 이룬 꿈이 있고 앞으로 이룰 꿈이 있습니다.

어떤 것일까요? 나는 텔레비전이 없던 시절에 라디오에서 흘러나오는 로봇 태권V와 마루치 아랏치를 즐겨 듣곤 했습니다. 밖에서 놀다가도 그 시간이 되면 라디오 앞에 달려와 귀를 쫑긋 세우고 오늘은 어떤 일이 일어날까 궁금한 마음으로 들었습니다.

그 영향으로 "너는 커서 뭐가 되고 싶냐?"고 물으면 "성우가 되고 싶어요"라고 대답했습니다. 그러다가 학창시절에 아버지가 흑백텔레비전을 사 오셨는데 TV속에서 제복 입고 나오는 여군들이 얼마나 멋져 보이던지 그 모습을 보며 '와, 나도 저렇게 멋진 여군 장교가 되고 싶다'고 생각했습니다.

그리고 '우리 가정 경제에 보탬이 되려면 내가 크게 사업을 해서 돈을 많이 벌어 우리 엄마 고생을 덜어 주고 싶다'는 생각도 했습니다. 그러다가 결국 현실로 돌아와 고3 졸업이 가까워질 무렵에 학교에서 제약회사 경리로 취업을 시켜 주었습니다. 어쨌든 가정 경제에 보탬이 된다는 작은 꿈은 이루어진 것이었습니다.

당신은 어떤 작은 꿈을 이루었습니까? 지금 진행 중입니까?

내가 어린 시절 예수님을 몰랐을 때의 막연했던 작은 꿈마저도 하나님은 아시고 이루어 주셨습니다. 교회에서 어린이 사역을 할 때 주일 설교 준비를 위해 거울을 보고 연습했습니다. 특히 주일에 세 번씩 여러 사람의 목소리를 다양하게 흉내 내며 설교했습니다. 나는 이미 하늘나라 성우가 되어 있었습니다.

또한 대한민국의 군대 장교는 아닐지라도 나는 이미 하나님 나라의 군대 장군이 되어 있었습니다. 내게 강력한 주님의 말씀의 검으로 적들과 싸우고 승리를 거둔 경험이 많이 있기 때문입니다. 그러므로 나는 어릴 적 소원 중의 하나였던 여군 장교의 꿈도 이루어졌습니다.

어린 시절의 마지막 꿈이었던 사업가의 꿈은 지금 진행 중입니다. 복음을 책으로 전합니다. 복음을 간증으로 전합니다. 하나님께서 주신 천재적인 지혜를 가지고 하나님의 큰 꿈을 이룹니다. 사실 예수님을 믿고 부터는 나는 성우와 여장군, 사업가가 되겠다는 꿈을 다 잊고 살았습니다. 그런데 지금 돌이켜 보니 성우, 여장군 그리고 사업가도 다 이루어져 있습니다.

하나님은 나의 어릴 적에 하늘을 바라보며 말했던 것, 곧 어린 아이의 말을 다 기억하시고 하나씩 하나씩 이루어 주셨고 지금도 이루어 가고 계십니다. 그 모든 것은 내가 어릴 적에 마음속으로 되기를 소망했던 작은 꿈들이었습니다.

나는 어릴 때 가끔씩 하늘을 쳐다보고 혼자 중얼거렸습니다.

"부처님, 하나님, 마리아님, 살아 계시면 나의 꿈이 이루어지게 해주세요"라고 말했는데 하나님이 내 말을 다 들어 주셨던 것입니다. 나의 작은 신음에도 응답하신 좋은 하나님을 찬양합니다. 나는 앞으로 이루어야 할 하나님의 원대한 꿈이 있습니다.

성령이 임한 사람은 꿈을 꿉니다. 당신도 꿈을 꾸십시오.

"하나님이 말씀하시기를 말세에 내가 내 영을 모든 육체에 부어 주리니 너희의 자녀들은 예언할 것이요 너희의 젊은이들은 환상을 보고 너희의 늙은이들은 꿈을 꾸리라."(행 2:17)

하나님께 기도하면 꿈이 떠오른다

내가 하나님께 기도할 때 그분은 내게 많은 꿈을 주셨습니다.

내 머릿속에서 나도 상상하기 어려운 꿈들이 떠올랐습니다.

나는 최근에 교회 사역을 쉬게 되었는데 제일 먼저 잠을 푹 잤습니다. 3일 동안 아무것도 생각하지 않고 그냥 먹고 자고 먹고 자고 갓난아기 마냥 3일을 지냈습니다. 그리고 성령 하나님께 기도하기 시작했습니다.

'이제 제가 무엇을 하면서 남은 인생을 헛되지 않게, 더욱 세월을 아끼며 살아갈 수 있을까요? 주님 앞에 서는 그날에 부끄럽

지 않고 기쁘게 달려갈 길을 가르쳐주세요?'

그리고 집안 구석구석 대청소를 시작했습니다. 집안을 정리하면서 나의 입에서는 와! 와! 감탄이 저절로 나왔습니다. "하나님이 그동안 나를 참 부요케 하셨습니다. 내게 부족함이 없어요"라고 계속 내 입술에서 터져 나왔습니다.

"하나님, 참 많이 주셨네요."

옷장을 정리하다 보니 참 좋은 옷들이 많았습니다. 정리해서 차에 가득 싣고 우체국에 가서 친구에게 보냈습니다. 그리고 주방 정리로 싱크대 문을 열고 보니 주방 기구들이 가득했습니다. 아랫집 새댁과 옆집 아주머니를 불러서 필요한 것만 골라 가게하고 나머지는 재활용품으로 밖에 두었습니다.

이번에는 책장 정리를 하려고 보니 그동안 책을 너무 많이 구입해서 남편도 아들도 "책 좀 그만 사세요"라고 했던 말이 생각났습니다. 꼭 필요한 것만 두고 나머지는 모두 박스에 담아 재활용품을 줍는 아주머니께 연락했습니다. 아주머니는 딸을 데려와서 가져갔습니다. 너무 고맙다고 얘기하셨습니다.

신발장을 열어보았습니다. 예쁘고 좋은 신발이 가득 차 있었습니다. 재활용품으로 내놓을 것과 신을 것을 구분하였습니다. 이불장을 열어보니 '이불은 언제 이렇게 많았지?' 생각하며 "넘치도록 많이 주셨네요. 주님, 감사합니다. 누가 필요할까요?" 하다가 앞집 할머니에게 드렸습니다. '이번에는 뭘 정리할까?' 하고 둘러보니 침대가 너무 커서 안방을 다 차지하고 있는 것이 눈에 들어왔습니다. 겨울에 뜨끈뜨끈해서 잠을 자고 새벽에 일어나면 몸이 가뿐했던 좋은 침대지만 너무 커서 작은 것으로 바꾸고 싶었습니다. 인터넷 벼룩시장에 '무료로 가져가세요'라고 내놓았더니 침대 운송비 20만 원을 들여 가져갔습니다.

예쁜 소품을 모아 둔 가방을 열어보고 이것도 이제 필요 없다는 생각을 하고 아랫집 새댁을 불러서 필요한 것만 골라 가도록 하고 정리했습니다. 이렇게 하나하나 정리했는데 그래도 짐이 적잖이 많았습니다. 스타킹과 양말도 엄청 많았습니다. 필요한 사람이 누굴까 생각하다가 양말과 가방 등을 포장해서 부산에 있는 희선 자매에게 보냈습니다. 그동안 하나님은 내가 필요한 것을 말씀만 드리면 언제나 신속히 그리고 많이 주셨습니다.

짐을 정리하면서도, 짐을 포장하면서도 나는 "하나님, 너무 감사해요 말만 하면 주시고 생각만 해도 주신 아빠, 정말 고마워요"라며 혼자 웃으며 계속 입가에서 되뇌었습니다.

"감사합니다! 감사합니다!"

하나님의 사랑과 은혜는 너무도 많습니다. 내가 하나를 구하면 하나님은 기본 서너 개는 주셨습니다. 모든 것이 넘치고 풍족했습니다. 그동안 주위 사람들에게도 많이 나눠주었습니다. 어떤 분은 내게 '잘 주는 사람'이라고 말했습니다. 그럼에도 늘 풍성하게 많은 물건이 있었습니다.

내가 생각하거나 구하는 것에 더 넘치도록 채우시는 하나님을 나는 언제나 생활 속에서 경험했습니다. "하나님, 이제 그만 주세요"라고 말할 정도였습니다.

지금은 모두 정리하고 필요한 것만 두었습니다. 며칠 동안 짐 정리를 다하고 또 다시 하나님께 기도하기 시작했습니다.

"주님, 이제 내가 무슨 일을 할까요?"

이제는 남은 후반기 사역을 어떻게 해야 할지 성령님께 묻는 시간을 가졌습니다. 기도하는 중에 내가 20대에 부산 수영로교회 2층 발코니에서 일어나 기도했던 나의 모습이 떠올랐습니다.

그동안 잊고 살았습니다. 언제가 내가 나이가 많아지면 북한에 선교를 하겠다고 하나님께 말씀드렸던 것이 기억났습니다. 북한에 교회를 세우고 그곳의 고아들을 먹이고 하나님 말씀으로 교육하는 고아원과 기독초등학교 등을 세울 것을 꿈꾸며 기도했던 아주 오랜 된 기억들이 생각났습니다.

"아, 그렇군요. 성령님. 그러면 제가 지금 무엇을 준비해야 하나요?"라고 물었습니다. 내가 지금 해야 할 것은 우선 목회대학원을 입학하고 목사 안수를 받아야 한다는 마음이 왔습니다.

그래서 서둘러 학교를 알아보고 서류를 준비했으며 지금은 여의도순복음교회 이영훈 목사님이 학장으로 계신 목회대학원에서 공부하고 있습니다.

그리고 "성령님, 시간의 여유가 있는데 파트라도 할까요?"라는 기도했습니다. 지금은 성령님과 더 많은 시간을 내어 교제하기를 원한다는 마음만 계속 떠올랐습니다. "네, 성령님. 그럼 나의 모든 생활비와 등록금과 책값, 자동차 유지비 등을 부족함이 없도록 채워 주시는 성령님을 믿습니다"라고 말씀드렸습니다.

이미 주님은 복 받을 그릇이 준비된 축복의 통로를 예비하셨습니다. 때가 되매 교회를 개척하며 북한에 교회를 세우고 그곳에 고아원과 기독초등학교를 세워서 하나님의 말씀으로 영혼들을 주님께 인도할 것입니다. 지금은 그때를 위한 준비 과정으로 성령님께서 매일 기쁘게 나를 이끄십니다. 그리고 이 일에 함께 동역할 하나님의 사람들을 준비시키십니다.

내가 어린 시절에 정말 하나님이 살아 있다는 사실을 모를 때 하늘을 바라보며 가끔씩 말했던 작은 소원도 기억하시고 이루어 주신 하나님께서 예수 그리스도를 믿는 믿음으로 나의 마음에 소원을 두고 기도하게 하셨던 것을 까맣게 잊고 있었으나 기도할 때 다시 기억나게 하시고 그 꿈을 이루도록 지금 나를 준비시켜 주신 것을 알았습니다. 나에게 주신 하나님의 큰 꿈이 반드시 이루어진 것을 믿음으로 바라봅니다. 이미 이루어졌습니다.

그래서 나는 요즘 매일매일 행복하게 아침에 기도하고 공원 가서 산책하고 도서관에서 책 읽고 서점도 가며 카페 가서 향이 좋은 커피를 마시며 성령님과 대화합니다. 부교역자로 함께 사역하자는 제의를 몇 군데서 받았으나 정중히 거절했습니다.

"모든 것이 때가 있다"는 잠언의 말씀이 생각납니다. 지금은 성령님과 연애 중입니다. 나는 푸른 하늘을 바라보고 성령님께 말을 겁니다. 예쁜 꽃을 바라보면서도 성령님께 얘기합니다.

잔디 위에 핀 크로버를 보고도 성령님께 얘기합니다. 바람이 불어도 성령님께 얘기합니다. 산책을 하면서도 운동을 하면서도 성령님께 얘기합니다. 음식을 준비하면서 먹으면서도 성령님께 얘기합니다. 사람을 만나서 맛있는 음식 먹고 얘기하는 것을 좋아하던 내가 이제는 성령님과 대화하는 것이 더 행복합니다.

성령님과 대화하는 것이 더 즐거워졌습니다. 나는 입가에 미소를 띠며 예전에 느끼지 못했던 또 다른 행복을 경험하고 있습니다. 아침에 눈을 뜨면 제일 먼저 "성령님, 안녕하세요?"하며 대화로 시작해서 잠들기 전까지 성령님과 함께 하루하루 행복한 시간을 갖습니다. 당신도 성령님과 연애하십시오.

예수 이름으로 뇌세포를 가동시켜라

최근 목회대학원에서 학생이 되어 공부를 하려니 기억력을 증가시켜야겠다는 생각이 들었습니다. 그래서 뇌세포를 가동하며 기도했던 신학교 시절을 생각하며 기도했습니다.

신학교 1학년 때 서점에서 책을 보다가 우연히 〈김열방의 두뇌혁명〉이라는 책을 읽고 좋아서 당시 여의도순복음교회 주일학교 고등부 우리 반 학생들에게 책을 돌려보라고 주었던 기억이 났습니다. 그런데 그 책이 내 손이 돌아오지 않았습니다.

신학교 시절 〈김열방의 두뇌혁명〉 책을 통해 뇌세포를 가동시켜 하나님께 기도한 것을 응답받았던 기억이 났습니다. 가장 기억에 남는 것은 평생 처음으로 성적이 우수하여 받는 성적우수장학금이었습니다. 정말 기뻤습니다.

그때 당시 나는 이렇게 기도했습니다.

"하나님, 나는 이제껏 단 한번도 공부를 잘하여 장학생이 된 적이 없습니다. 신학생들이 장학금 받으려고 열심히 공부하는 학우가 많습니다. 성적 장학금에 올인 한 젊은 학우들이 우리 반에도 몇 명이나 있습니다. 그러나 이번 2학년 1학기 꼭 한번만이라도 나에게 정말로 성적이 우수해서 받는 장학금으로 다음 학기 등록하게 해 주세요. 꼭 한번만요."

예수 이름으로 뇌세포를 가동시키며 기도했는데 성적이 우수하여 성적우수장학금을 받았습니다. 나의 평생 잊지 못할 사건 가운데 하나였습니다.

그리고 신학교에서 성경쓰기대회가 있었습니다. 말씀 장절을 포함해서 시간 안에 많이 쓰기 대회였는데 그날이 휴일이며, 하루 종일 성경을 많이 써야 한다는 부담감으로 적은 수가 참석했습니다. 우리 반에서는 2명이 출전했습니다. 대회 참가자는 전교생 20명 내외였습니다. 그때도 나는 기도했습니다.

"이번에 도전하고 싶어요. 하나님, 아시지요. 나의 기억력은 한계가 있지만 이번에 꼭 성경 구절 많이 쓰기 대회에 참석해서 성경 말씀 암송한 것을 다 쓰게 해주세요"라며 뇌세포를 예수 이름으로 가동하며 말씀을 암송했습니다.

성경쓰기대회는 아침 9시부터 오후 5시까지 쉬지 않고 말씀을 누가 많이 적는가? 장절을 꼭 기재해야 하는 대회였습니다. 그때도 시작부터 끝까지 한번도 생각하거나 손을 쉬지 않고 계속 적었습니다. 정말 신기하게도 땡! 하고 마치는 종소리가 울릴 때까지 말씀을 적었습니다. 성경쓰기대회에서 639절을 적었던 것으로 기억합니다. 하나님의 은혜였습니다.

뇌세포를 가동하여 기도할 때 놀라운 암기력과 기억력으로 내 평생에 잊지 못할 또 하나의 행복한 추억으로 자리 잡고 있습니다. 그 외에도 기적 같은 방법으로 응답받은 사실이 많지만 다음 기회에 얘기하도록 하겠습니다.

그래서 다시 그 책이 있을까 하고 인터넷으로 '김열방의 두뇌혁명'을 검색했더니 그 동안 김열방 목사님이 책을 아주 많이 출간했음을 알게 되었습니다. 그래서 목사님을 만나고 싶어서 직접 찾아가 만났습니다. 성령의 기름 부음이 있는 책들을 많이 집필하셨습니다. 책을 어떻게 써야 할지, 무엇을 써야 할지는 몰랐으나 나도 책을 쓰고 싶었습니다. 그러한 마음을 아셨는지 목사님으로부터 책쓰기를 권유받았습니다.

2012년 뜻하지 않게 나의 소책자 〈선포명령기도문〉이 나침반사를 통해서 출판되었습니다. 그 책은 영적 전쟁 가운데서 승리하는 기도문입니다. 많은 독자들이 외국과 지방에서 전화가 오고 방문하여 만나기도 하였습니다.

이제는 나의 삶과 그동안의 사역을 통해 얻은 깨달음들과 내가 만난 하나님을 소개함으로 복음을 전하고 싶습니다. 내가 사람들을 다 만나서 얘기하지 못해도 내가 쓴 책이 나를 대신하여 먼 곳까지 하나님의 사랑을 전하는 역할을 할 것입니다.

김열방 목사님이 "요즘 100세 시대라고 말하지만 120세까지 건강하게 천국같이 살다가 천국갑시다"라고 말씀하셨습니다. 나는 평소에 83세까지 건강하게 멋지게 주님 사명 감당하다가 천국 가고 싶다는 생각을 했습니다. 그런 내 생각이 바뀌었습니다.

내가 120세까지 아프지 않고 건강하게 성령님과 함께 산다고 생각하니, 지금의 내 나이가 주님 사랑하기 딱 좋은 나이라는 것을 깨달았습니다. 그리고 "아직 젊은 청년이다"라는 생각의 전환이 왔습니다. 보통 여전도사는 부교역자로 55세 정년퇴임의 나이입니다. 그래서 나도 부교역자로는 나이에서 벌써 안 되겠구나 생각했는데 이게 웬일입니까? 멀리보고 크게 생각하니 아직도 나는 할 일이 많은 젊은 주의 종이라는 생각이 들었습니다.

그리고 아직 할 일이 많다고 생각하니 더욱 세월을 아껴야겠다는 마음이 들었습니다. 그래서 나는 아프지 않고 건강하게 천국같이 살다가 천국 가는 행복한 하나님의 아들이 되기로 마음먹었습니다. 크게 생각하면 크게 보입니다. 멀리 보면 여유가 생깁니다. 그래서 나는 서점에 자주 가서 좋은 책도 읽고 말씀도 묵상하며 늘 깨어 성령님과 동행합니다.

뿐만 아니라 건강관리에도 소홀하지 않게 되었습니다. 음식도 인스턴트는 피하고 채소, 과일, 생선 등을 먹고 육류는 소고기, 닭고기, 오리 고기, 기름은 올리브기름이 좋다고 하는데 올리브 기름은 아직 구입하지 못했습니다. 가급적 몸에 좋은 음식을 섭취해야겠다는 생각이 들어 조금씩 실천하고 있습니다.

나에게는 꿈이 있습니다. 하나님이 주신 큰 꿈이 있습니다. 그 꿈은 반드시 이루어질 것입니다. 먼저 교회를 개척하는 것입니다. 하나님이 원하시는 곳에서 하나님의 방법으로 하나님이 기뻐하시는 교회를 세워 성령님의 임재와 성령의 나타남이 있는 교회가 될 것입니다. 두 번째로 세워진 교회를 중심으로 북한 선교를 추진할 것입니다. 북한에 문이 열리면 얼어붙은 그 땅에 주님의 교회를 세워서 복음을 전할 것입니다. 마지막으로 나는 북한에 문이 열리면 혼돈이 있을 시기에 고아들을 모아 하나님의 사랑과 은혜의 복음을 전하는 고아원을 세워서 고아들을 사랑하시는 하나님을 그들이 만나게 할 것입니다.

나는 그 꿈을 이루어 가시는 성령님을 따라 갑니다.

성령님은 꿈을 주십니다. 인생에서 가장 아름답고 멋질 때가 있는데 언제일까요? 그것은 그 꿈을 간직하고 그 꿈을 생각하고 그 꿈을 이루기 위해서 준비하는 시간입니다. 지금이 나에겐 그 아름다운 때입니다. 나는 오늘도 그 꿈을 위해 성령님의 음성에 귀 기울이며 한 걸음 한 걸음 즐거운 마음으로 전진합니다.

단지 성령님께서 가자 하면 가고 멈춰라 하면 멈추면 됩니다. 성령님께서 쉬어라 하시면 쉬면 됩니다. 성령님께서 말씀하시는 대로 순종하며 나가면 됩니다. 나의 남은 생애는 성령님과 함께 꿈꾸고 함께 나아가는 시간이 될 것입니다. 나는 여호와의 신이신 성령님을 의지하며 그분과 함께하는 행복한 사람입니다.

하나님이 내게 맡겨 주신 멋진 아들

당신에게는 어떤 아들이 있습니까?

나는 천재적인 능력이 있는 아들이 있습니다.

아들은 참으로 믿음이 좋습니다. 나의 뱃속에 있을 때 성경 말씀을 소리 내어 읽어 주면 뱃속에서 꿈틀꿈틀 "아멘! 아멘!" 하며 반응을 보였습니다. 남산 만한 배를 안고 새벽기도 갔다가 마치고 인근 중학교 운동장을 천천히 걸으면서 손을 배에 대고 아기에게 말하곤 했습니다. "아가야, 너는 모세와 같은 지도자가 되어라. 아가야, 너는 다윗 같이 정직하고 하나님의 마음에 맞는 사람이 되어라. 아가야, 네가 만약에 잘못했다고 깨달으면 신속히 잘못을 인정하고 사과하는 아이가 되어라. 아가야, 너는 요셉처럼 사랑받는 아들이 되어라."

한 여름에는 집안이 더워서 넓고 시원한 바람이 있는 옥상에 올라가 돗자리를 깔고 양산을 펴고 "아가야, 여름이라 상당히 덥구나" 하고 얘기했고 속상한 일이 있을 때는 "아가야, 괜찮아, 걱정하지 마, 엄마가 지금은 속상하지만 곧 괜찮아질 거야. 아무것도 염려하지 마. 엄마가 너를 지켜 줄게"라며 얘기했습니다.

나는 하나님이 맡겨 주신 아들이 효자라는 생각을 한 적이 많습니다. 여섯 살 때 나는 신학교에 입학했는데 어린이집 차가 오는 시간과 내가 학교 가는 시간이 맞지 않아 걱정하면 어린 아들은 이렇게 말했습니다. "엄마, 난 괜찮아, 엄마, 학교 늦지 않게 빨리 가. 나는 시계 알람 소리 나면 내가 TV 딩동댕 유치원 끄고 문 잠그고 어린이집 버스 타고 갈게. 엄마 걱정 마" 하며 엄마를 안심시키고 혼자 집에 있다가 TV 끄고 문 잠그고 어린이 집에 갔던 아들입니다.

아침에 엄마 따라 가겠다고 투정을 부리거나 가지 말라고 떼쓴 적이 단 한 번도 없습니다. 오히려 엄마인 내가 머뭇거렸던 적이 많았습니다. 그때 가장 가슴이 아팠던 것은 어린 아들의 목에 집 열쇠를 목걸이로 걸어 줄 때였습니다.

당시 신학교가 신수동이고 내가 사는 곳이 신촌이라 걸어서 학교를 가곤 했습니다. 아침 등교 길에 내 눈에서는 눈물이 하염없이 흘렀습니다. "하나님, 저 어린 아이의 목에 열쇠를 걸어 주고 이렇게 신학을 해야 합니까?"

그날따라 햇빛이 참 반짝이는데 나는 울며 무거운 책가방을 들고 한손으로 눈물을 닦으며 길을 걷는데 '베세메스로 가는 암양을 생각해 보아라'는 마음이 왔습니다. 울면서 생각을 하다가 어느 듯 학교 앞에 도착했습니다.

그런데 신기하게도 그 다음날부터는 등굣길에 내 눈에서 눈물이 더 이상 나지 않았습니다. 그리고 학교에 도착해서 다 마치고 집으로 올 때까지 집과 가족이 하나도 생각나지 않고 걱정도 되지 않았습니다.

지금은 목사님이 되셨지만 신학생 때 나를 아는 동기 김문숙 전도사님은 가끔 이렇게 말했습니다. "김경란 전도사 아들은 독립군 아들이야." 그 말은 그만큼 내가 돌보지 못했음을 표현한 말입니다. 하나님이 맡겨 주셨는데 그때는 오로지 나에게 주어진 사명에만 몰두했던 것입니다.

나는 아들을 지금까지 학원에 단 한군데도 보내지 못했습니다. 가만 생각해 보니 '내가 아무리 바쁘고 힘들었어도 조금 더 관심을 가졌더라면 좋았을 텐데' 하는 아쉬움이 있습니다. 새벽에 교회에 나오면 거의 집에 들어가지 않고 하루를 보냈습니다.

내가 집에 들어간 밤에는 이미 아들은 꿈나라로 가고 깨어 있는 모습을 볼 수가 없었습니다. 엄마의 입장에서 신학교 졸업과 동시에 교회 사역하느라 오로지 앞만 보고 하나님이 맡겨 주신 소중한 자녀를 잘 보살피지 못해 정말 미안합니다.

아들이 여의도순복음교회 유치부 때 나는 서점에서 김열방 목사님의 〈두뇌혁명〉이라는 책을 구입해서 읽고 수시로 아들에게 "너는 천재야"라고 말해 주었습니다. 그 말을 들은 아들은 "나는 천재다"라고 말하곤 했습니다. 나는 아들에게 공부하라는 말은 거의 하지 않고 대신 "하나님 말씀을 읽어라. 말씀을 적어라. 암송해라. 기도해라"등의 말을 많이 한 것 같습니다.

아들은 성격이 참 좋았습니다. 활동적이고 적극적인 성격이었습니다. 이사를 자주 다녀도 친구들을 잘 사귀었습니다. 금방 친구를 사귀어 데려오고, 친구 집에 놀러 가고, 특히 초등학교 때는 여자 친구들에게도 러브레터도 많이 받았습니다. 아들이 잠들었을 때 책가방을 살짝 보았습니다. '우리 아들이 인기가 많구나' 생각했으며 기분이 무척 좋았습니다.

지금 아들은 군인입니다. 거주지가 인천인데 엄청 먼 거리인 전라도 진도로 발령이 났습니다. 아들이 군 입대를 하던 날 논산 훈련소에 갔더니 부모들이 따라와서 울고 있었습니다. 왠지 눈물을 보이지 않고 웃으며 보낸 내가 이상할 정도였습니다.

아들도 오히려 엄마인 나를 위로했습니다. "걱정하지 마세요. 잘 마치고 오겠습니다. 엄마 건강 잘 챙기세요" 하고 웃으며 나를 꼭 안아주고 입대했습니다. 아들은 모태 신앙입니다. 군에서 술과 담배를 하지 않아서 윗사람들에게 미운털도 있겠지만 모두 잘 견뎌 내고 건강한 모습으로 전역하게 되었음을 믿습니다.

나는 기대합니다. 하나님께서 아들을 분명히 크게 멋지게 천재답게 삶을 이끌어 주실 것을 믿습니다. 군인으로 생활하는 아들이 휴가 오면 아빠의 어깨도 안마해 주고 식사하면 설거지를 담당하고 집안에 보탬이 될 것이 있나 없나 살핍니다.

엄마인 나는 아들의 마음이 여릴 것으로 생각했는데 오히려 군인의 강인함으로 무장되었으며 내가 생각했던 것보다 훨씬 신앙이 좋고 든든하고 믿음직스럽습니다. 군인이 되더니 아주 마음이 반듯해지고 생각과 태도도 대견스러울 때가 많습니다.

'이 아이가 이렇게 다 컸구나' 하는 생각을 하게 됩니다.

어느 날 휴가 왔을 때 아들과 함께 길을 걷다가 나이든 택배 기사가 힘겹게 움직이면 말없이 달려가서 물건을 잡아 주고 들어 주는 모습을 보았습니다. 아들은 배려도 잘하고 봉사 정신도 뛰어납니다. 휴가 나오면 집에 필요한 물품을 구입해 주고 갑니다.

하루는 아들이 휴가 왔을 때 하필 세탁기에서 소리가 나더니 고장이 났습니다. 세탁기 수리비가 더 많이 든다는 얘기를 듣고 아들이 세탁기를 사주었습니다. 나는 진공청소기의 필요성을 못 느껴 청소기를 구입하지 않았는데, 꼭 한번 필요해 아랫집에서 빌려 사용한 것을 알고는 진공청소기를 구입해 주고 갔습니다.

또 한 번은 내가 눈이 나빠졌는지 TV에 나온 글씨가 안보여서 무심결에 내가 앞에 가서 봤더니 대형 TV을 보라고 사주었습니다. 휴가 올 때마다 마트에서 장을 보고 꼭 아들이 계산합니다. 내가 계산하지 못하게 합니다.

그리고 차를 타면 뭐 필요한 것이 없나 살피고 눈여겨봅니다. 얼마 전에는 차에 핸드폰 번호와 솔잎 향기 나는 방향제와 유리

닦는 약을 직접 구입해서 차에 붙여 주고 걸어 주고 넣어 주고 갔습니다. 차를 타면 아들 생각이 납니다. 맛있는 음식을 먹이고 싶어서 식당에 가면 엄마가 계산하지 못하게 합니다. 자신이 먼저 계산합니다.

이번 휴가 때는 아빠 생일을 염두하고 나왔습니다. 아들은 아빠의 생일 케이크를 사고 내가 좋아하는 원두커피를 사주었습니다. 오랜만에 가족이 함께 모여 식사하며 아빠 생일을 축하하며 영화도 함께 보며 작지만 행복한 시간을 갖게 되었습니다.

엄마 입장에서 대한민국 군대에 감사한 것은, 아들이 군에서 사이버대학교에 진학했다는 것입니다. 공부할 시간은 별로 없다고 합니다. 그래도 국가에서 장학금도 지원받았습니다.

아들은 인성과 신앙이 있는 자랑스러운 아들입니다. 앞으로 아들에게 바라기는 예수님을 잘 믿는 기도하는 자매를 만나서 복된 가정을 세우기를 바랍니다. 창조의 영과 부활의 영으로 충만하여 천재적인 지혜로 이 세상을 정복하며 다스리는 행복한 하나님의 아들이 되었음을 믿습니다.

당귀 마른 잎을 허리 통증제로 주신 성령님

당신은 교통사고의 경험이 있습니까?

나는 작은 마티즈를 운전하며 아침 기도회를 마치고 집으로 가던 중에 내 뒤에서 큰 차 두 대가 나의 차를 연속으로 들이박았습니다. 아마 운전을 하시는 분들은 한번쯤 경험이 있을지 모르겠습니다.

인천에서 지교회를 담당하고 있을 때 지교회 장소를 이전했습니다. 이전한 교회 건물의 3층, 4층은 일명 '하나님의 교회'라고 하는 이단이 10년 동안 그곳에 거주하고 있었습니다. 우리는 그 건물의 지하와 1층, 2층을 예배처로 사용할 때입니다.

나는 그곳에서 3년간 사역했는데 그때 우리 교회가 건물을 전체 다 사용하기를 원했습니다. 그래서 교역자와 성도들이 40일 작정 릴레이 기도를 교구별로 실시하였습니다. 한 교구 당 한 시간 삼십분씩 교구장과 소속 교구 성도가 합심 기도로 이단이 물러가고 건물 전체를 우리가 사용하도록 기도할 때 작정 기도 일주일 남겨 두고 교통사고가 났습니다.

그래서 교회와 가장 가까운 병원에 입원을 하였는데 허리와 목과 어깨 통증이 생각보다 심했습니다. 그때 내가 맡은 교구는 두 교구라 다른 교역자들보다 두 배로 기도를 해야 했습니다.

이단이 물러간다는 끝이 보이기에 병원에 있을 수가 없어서 의사와 간호사의 말을 듣지 않고 작정기도회를 인도하러 교회로 갔습니다. 그리고 작정한 40일을 하나님의 은혜 가운데 잘 마치게 되었습니다. 내가 없는 자리를 다른 교역자들이 대신 담당해야 함으로 미안한 마음에 병원에 오래 있을 수가 없어서 일주일 만에 퇴원하였습니다.

그러나 새벽에 일어날 때마다 허리와 목의 통증으로 몹시 아파서 신음 소리를 내며 새벽 예배를 나왔고, 저녁이면 매일 성령 충만 기도회를 나와서 기도하였습니다. 그러던 어느 날 새벽에 꿈을 꾸었습니다. 지붕 위에 마른 잎이 햇빛에 가득 널려 있었습니다. 꿈속에서 "주님, 이게 뭐예요?"라고 물었습니다.

그러면서 바로 내 입으로 내가 대답을 하는 것이었습니다.

"아! 이게 당귀 잎이에요."

"마른 잎으로 무엇을 하라는 겁니까?"

"아! 이것으로 차를 끓여 먹으라고요? 네, 감사합니다."

꿈에서 깨니 새벽이었습니다. 새벽기도 시간에 특별한 경우 외에는 핸드폰을 보는 경우가 없는데 마음속으로 '도대체 당귀 마른 잎이 어디에 좋아서 성령님이 나에게 꿈으로 보여주셨을까?' 궁금해서 기도 시간에 핸드폰을 살짝 꺼내 검색해 보니 당귀 잎은 나에게 꼭 필요한 약재라는 것을 알게 되었습니다.

'이사야 선지자에게는 무화과 뭉치를 주시고, 디모데에게는 포도주를 조금씩 먹으라 하시고, 다윗에게는 꿀을 주시더니 나에게는 당귀 마른 잎을 주시는구나' 하는 생각에 입술에서 감사가 터져 나왔습니다. 그리고 남편에게 말했더니 다음날 남편이 인터넷 검색해 보고는 이렇게 얘기하더군요.

"당귀는 잎도 좋고 뿌리도 좋다. 당귀 잎과 뿌리를 같이 먹으면 더 좋다. 함께 먹으라."

그러나 나는 지금은 꿈속에서 성령님이 보여주신 것만 먹어야 한다고 남편과 옥신각신 했고 결국 남편이 당귀 마른 잎을 구해주었습니다. 나는 새벽에 집에서 나오기 전에 쓴 당귀 마른 잎 차를 마시기를 사오일쯤 먹었던 것 같습니다. 그런데 정말 감쪽 같이 그렇게 아팠던 허리와 목과 어깨가 하나도 아프지 않고 다

낳았습니다. 참 신기했습니다. 정말 하나님이 꿈에서 보여 주신 약재를 먹고 빨리 완쾌되었습니다.

꿈을 꾸기 전에 병원에서 퇴원하고 통증이 심하여 교회 앞에 있는 한의원에 가서 침도 몇 번 맞았는데 침을 맞으면 더 아프고 왠지 침을 맞기가 싫었습니다. 그래서 "하나님, 조금 있으면 대심방 기간이 돌아오니 나의 아픈 곳에 주님의 보혈로 씻어 주세요. 예수님이 채찍에 맞음으로 나는 나음을 입었다. 나에게 통증을 주는 병마는 떠나갈지어다"라고 기도하던 차였습니다.

몸이 아플 때면 제일 많이 묵상하는 성경 구절이 이사야서에 있는 말씀입니다. "예수님이 채찍에 맞음으로 나음을 입었도다"는 이 말씀을 묵상하고 묵상하다 보면 어느 듯 나의 몸이 깨끗이 치료되는 것을 체험할 때가 있습니다. 그렇습니다. 예수 그리스도는 우리 인생의 연약함과 질병을 대신 지시고 십자가에서 죽으심으로 우리에게 건강을 주셨습니다. 예수 그리스도가 나를 대신하여 연약함을 담당하셨고 질병을 담당하신 것입니다.

요즘은 건강해서 오래 살기를 원하는 100세 시대라고 합니다. 아니 120세를 사는 시대입니다. 그러나 환경오염으로 인해 우리가 먹는 먹거리가 완전하지 않습니다. 비도 산성비, 햇빛도 오존층으로 인해 자외선이 너무 강하여 피부병을 유발하기도 합니다. 물도 돈을 주고 사서 마셔야 하는 이런 시대입니다. 그럼에도 불구하고 사람들은 장수하기를 원합니다. 아프지 않고 건강하게 오래 살기를 원합니다. 정말 그것이 가능할까요?

네, 그렇습니다. 예수 그리스도가 우리에게 건강을 주셨습니다. 그분은 우리가 아프지 않고 건강하고 행복하고 즐겁게 오래 살면서 많은 영혼들에게 복음을 전한 후에 천국에 오기를 기다리고 계십니다. 건강은 각자가 유의하고 잘 가꾸어야 합니다.

예수 그리스도가 주신 건강은 완전합니다. 내가 교통사고로 허리와 목과 어깨를 다쳤으나 하나님이 주신 약재를 통해서 감쪽같이 완전히 나았습니다. 예수 그리스도는 당신의 질병을 대신 지셨습니다. 당신의 연약함을 대신 지셨습니다. 당신에게 건강을 주셨습니다. 그러므로 질병을 꾸짖고 건강을 믿으십시오.

나는 병원에서도 한의원에서도 완치하지 못하였던 곳을 여호와 라파 하나님으로 인해 짧은 시간에 완전히 고침 받았습니다. 할렐루야! 주님을 찬양합니다. 당신도 치료를 믿으십시오.

하나님이 주신 것은 감사함으로 먹으면 해로울 것이 없습니다. 그럼에도 특히 병이 들거나 아플 때는 그에 맞는 식물이 있습니다. 그것이 무엇인지 성령님께서 정확하게 아십니다.

당신이 기도하고 구할 때 성령님께서 꿈을 통해서도 약재를 소개해 준다는 사실을 기억하시기 바랍니다. 그런데 성령님께 민감해 있을 때 성령님께서 주시는 것을 바로 분별할 수 있습니다.

사람의 무의식에 생각을 조작하는 〈인셉션〉이라는 영화를 보았습니다. 성경에도 사단이 유다의 마음에 예수를 팔 생각을 넣으므로 어둠의 일을 진행하는 장면이 나옵니다. 당신도 성령님께 민감해야 각종 꿈이 어디로부터 왔는지 알 수 있습니다.

사단도 천사도, 무의식중의 그 어떤 것도, 꿈을 통해서도 사람이 움직이게 만듭니다. 그러므로 당신은 언제나 성령님의 음성에 더 귀를 기울여야 합니다. 나는 지금 잠시 분주하고 바쁜 사역을 내려놓고 성령님과의 교제의 시간을 더 가지고 있습니다.

이런 환경을 주신 하나님께 감사드립니다.

성령님은 내가 바쁜 것보다 일을 많이 하는 것보다 나와 함께 하는 시간을 많이 갖기를 원하신다는 것을 깨달았습니다. 성령님과 대화하는 시간을 더 많이 갖게 됨으로 마음에 평안이 흐릅니다. 성령님의 인도하심으로 좋은 책들을 읽고 깨닫는 시간들은 나에게 큰 행복을 주고 있습니다.

"그대 내게 행복을 주는 사람"이라는 노랫말이 있습니다. 나는 이 노래를 "성령 내게 행복을 주는 님아"라고 바꾸고 싶습니다.

사람이 내게 행복을 줄 때도 있지만, 사람이 주는 잠깐의 행복과는 비교할 수 없을 만큼의 큰 행복을 성령님께서 내 맘에 날마다 부어 주고 계십니다. 그러기에 나는 이제 성령님을 '나의 님'이라고 부릅니다. 나의 님은 언제나 한 시도 나를 떠나지 않고 나를 잠잠히 사랑하십니다. 나의 님이신 성령님은 나에게 웃음과 기쁨을 주십니다. 나는 나의 님이신 성령님을 사랑합니다. 나는 나의 님이신 성령님을 기뻐합니다. 나는 나의 님이신 성령님과 즐거이 나의 삶을 노래합니다. 나는 성령님과 동행합니다.

나를 치료하신 하나님의 은혜에 무한 감사드립니다. 억만 번이나 감사드립니다. 그저 감사할 뿐입니다.

내 말에 귀를 기울이시는 성령님

당신이 말하면 누가 제일 경청을 합니까?

당신의 친구입니까? 가족입니까? 직장 동료입니까?

내게는 나의 말에 귀를 기울이시는 성령님이 있습니다. 어느 날 혼자서 창밖으로 보이는 푸른 나뭇잎이 시원한 바람을 타고 춤추고 있는 모습을 거실에 누워서 바라보았습니다.

그러다가 하늘을 보니 하늘 또한 깨끗했습니다. 어쩌면 태양이 눈부시도록 밝아서 하늘이 더 선명하게 보였을지도 모릅니다.

당시 아무런 연고도 없이 서울에서 인천으로 이사를 왔을 때였습니다. 신학을 졸업하고 인천에서 사역하게 되었습니다.

그때는 새벽 1부 예배를 드려야 된다기에 급히 전셋집을 알아보고 이사했습니다. 이사할 당시 800만 원의 전세금밖에 가진 돈이 없었습니다. 은행에 대출 800만 원을 받아 전세 1600만 원의 반 지층으로 이사했는데 월요일에 하루 쉬면서 창문을 활짝 열고 시원한 바람과 햇볕을 받으며 작은 거실에 누워 있었습니다. 그렇게 잠시 누워 있는데 마치 그 누운 자리가 천국이라도 이처럼 편할까 하는 생각이 들었습니다. 그래서 중얼거렸습니다.

"성령님, 이 집이 너무 좋아요. 이렇게 누워서 파란 하늘을 볼 수 있고, 창밖에 나뭇가지가 푸른 잎을 날리며 춤추는 것도 너무 좋아요. 마치 천국 같아요. 이 집이 우리 집이면 정말 좋겠어요."

그동안 결혼하고 이사를 자주 다녔습니다. 비록 반 지층이지만 이제 이사하지 않고 오래 살고 싶다는 생각도 들었습니다. 그렇게 말하고 몇 달이 흘렀습니다. 그런데 집 주인이 사업하다가 돈이 없어 그 집이 경매에 나갔다고 남편이 말했습니다.

그 순간, 나는 몇 달 전에 내가 누워서 하늘을 보며 성령님께 했던 말이 생각났습니다. 마음에 불안과 걱정이 아니라 오히려 하나님께서 그 화를 복이 되게 하신다고 남편에게 말했습니다.

"이 집을 우리에게 주시려고 하니 당신은 인터넷과 법원에 다니면서 경매하는 법을 배우세요. 나는 이집을 경매 마지막에 우리가 받도록 성령님께 기도할게요."

다음날 밤에 남편이 집에 들어와서 말했습니다.

"큰일이다. 법원에 알아보니 만약에 다른 사람이 경매 받으면 우리가 은행 대출이 있어서 받을 돈이 거의 없다."

나는 남편에게 말했습니다.

"분명히 이 집은 우리 집이 될 거에요. 하나님이 우리에게 주시려고 하셨어요. 그러니 걱정 말고 경매를 받도록 하세요."

결국 그 집을 건지기 위해 남편이 처음으로 경매를 배워 4차에 낙찰 받았습니다. 그래서 남편은 돈을 빌려 경매 받고 또 경매 받고 하여 그 해에 작지만 우리 집이 두 채나 생겼습니다.

그리고 다시 두 채를 팔고 또 다시 경매를 받으려고 하는데 기간이 부족했습니다. 들어올 사람과 집을 비워 줘야 하는 우리와의 날짜가 맞지 않았습니다. 나는 또 성령님께 입을 열었습니다.

"성령님 어쩌지요? 집은 잘 팔았지만 경매를 받으려니 시일이 맞지 않습니다. 남편은 잠시 짐을 보관하며 월세로 살 집을 알아보고 더 좋은 집을 경매 받자고 하는데 어떻게 하면 좋을까요?"

그때 마침 신학교 동기 목사님에게서 오랜만에 전화가 왔습니다. 요즘 어떻게 지내는지 궁금해서 전화했다고 하셨습니다.

현재 상황을 얘기했더니 그 목사님의 집에 와서 1년이든 2년이든 내가 원하는 대로 살라는 것입니다. 전셋돈도 필요 없고 월세는 더더구나 안 받겠다고 했습니다. 그래서 단독 5층 아파트 넓은 곳에서 9개월 정도 살다가 더 좋은 곳으로 이사했습니다.

그때 그 동기 목사님께 늘 고마운 마음을 갖고 있습니다. 월세도 안 받으니 남편과 의논하여 교회에 헌금과 헌물로 대신했습니다. 지금 생각하면 성령님의 역사하심으로 집을 사고 팔고 사고 팔고 하면서 그동안 경매할 때 빌린 돈을 다 갚았습니다.

하나님은 귀가 크십니다. 그리고 귀가 아주 밝으십니다.

옛날의 소머즈 귀보다 억만 배나 더 밝으십니다. 사람이 말을 잘하면 상을 받지만 말을 잘못하면 벌을 면치 못합니다. 말로 죄 짓고 말로 용서함을 받습니다. 인간관계에서는 대부분 말로 인한 복과 화가 따릅니다. 사람의 말로 정죄함을 받고 말로 죄책감을 느끼고 말 한마디로 힘과 용기를 얻기도 합니다.

우리가 믿는 예수님은 사람을 살리는 영으로 오셨습니다.

예수님이 계신 곳은 언제나 생기가 있습니다. 그분은 산 영이고 살리는 영이십니다. 영원히 죽을 수밖에 없었던 우편 십자가의 한 강도는 말 한마디로 복을 받았습니다. 그가 했던 말 때문에 예수님께서 "오늘 네가 나와 함께 낙원에 있으리라"고 구원을 확증하시는 말씀을 해주셨습니다.

당신도 사람을 죽이기도 하고 살리기도 하는 세 치 혀로 죄를 짓는데 사용하지 말고 생명을 일으키는데 사용해야 합니다.

십자가에서 우리의 모든 죄를 다 구속하신 예수 그리스도만이 완전한 하나님이십니다. 부활의 영 성령님이 오셔서 우리와 함께 하십니다. 성령님은 혀를 다스리십니다. 그러므로 더 이상 말로 죄를 범치 않도록 절제해야 합니다.

죽음의 순간에도 우편 강도처럼 말을 잘하면 지옥 갈 영혼이 천국에 가게 됩니다. 당신도 말을 잘 하고 바르게 함으로 천국 가는 인생이 되기 바랍니다. 구원도 마음으로 믿고 입(말)으로 시인(말로 고백)해야 합니다. 그러면 어떤 말을 해야 할까요?

첫째, 복이 들어오는 말을 해야 합니다.

하나님의 귀에 들린 대로 역사하십니다. 그러니 복을 받을 말을 잘 해야 합니다. 그래서 항상 말을 잘해야 합니다.

하나님이 듣고 기뻐하실 말이 무엇일까 생각하며 말하면 스스로 말을 조심하게 됩니다. 하나님은 우리가 말한 것을 듣고 이루어 주십니다. 민수기 14장 28절에 "그들에게 이르기를 여호와의 말씀에 나의 삶을 가리켜 맹세하노라. 너희 말이 내 귀에 들린 대로 내가 너희에게 행하리니"라고 했습니다. 그러므로 반드시 복이 들어오는 말만 해야 합니다. 믿음의 말, 긍정의 말은 듣는 이에게 확신과 믿음을 심어 주기 때문에 복이 됩니다.

둘째, 선한 말을 하여 덕을 세워야 합니다.

에베소서 4장 29절에 "무릇 더러운 말은 너희 입 밖에도 내지 말고 오직 덕을 세우는 데 소용되는 대로 선한 말을 하여 듣는 자들에게 은혜를 끼치게 하라"고 했습니다.

지혜로운 말을 해야 합니다. 상황에 맞는 말을 해야 합니다. 사람에 따라서 같은 말이라도 은혜를 받는 사람이 있고 시험에 드는 연약한 자도 있습니다. 말을 고르게 해야 합니다. 선한 말을 하여 듣는 사람에게 덕을 세워야 합니다. 칭찬의 말, 격려의 말은 사람에게 힘과 용기를 줍니다.

셋째, 말을 적게 해야 합니다.

잠언 17장 28절에 "미련한 자라도 잠잠하면 지혜로운 자로 여겨지고 그의 입술을 닫으면 슬기로운 자로 여겨지느니라"고 했습니다. 미련한 자라도 말을 적게 하면 지혜로운 자로 여겨집니다.

말을 많이 하면 실수를 많이 하게 됩니다. "내 사랑하는 형제들아, 너희가 알지니 사람마다 듣기는 속히 하고 말하기는 더디 하며 성내기도 더디 하라"(약 1:19)고 했습니다.

말에 실수가 없으면 완전한 자라고 했습니다. 우리 중에 누가 하나님 앞에서 완전할 수 있겠습니까? 하고 싶은 말을 다 못하거나, 하고 싶은 말을 억지로 참는 것은 쉽지 않습니다. 그러나 말을 다 한다고 덕이 되는지 아니면 실이 되는지를 한번 생각해 보고 꼭 필요한 말만 하는 지혜가 필요합니다.

하나님은 그냥 희망 사항처럼 지나가듯이 슬쩍 작은 소리로 얘기한 말도 기억하셨습니다. 내가 살던 집이 경매에 나가게 되고 또 그 집을 나에게 주셨던 것을 볼 때 하나님은 내가 떼쓰고 눈물 흘리지 않아도, 웃으면서 구해도 다 주셨음을 알게 되었습니다. 부모가 자녀를 사랑하면 자녀가 슬쩍 한번 말해 본 것도 기억했다가 들어주는데 하물며 우리의 참된 아버지인 하나님께 당신은 무엇을 말하렵니까?

당신이 하는 말은 주로 어떤 말입니까? 복을 받을 말을 합니까? 범사에 덕을 세우는 선한 말을 합니까? 그렇다면 하나님께서 당신이 말한 대로 이루어 주실 것을 믿기 바랍니다.

나는 지금 책을 쓰면서 이렇게 말합니다.

"나에게 천재적인 지혜를 주셔서 감사합니다."

"나에게 재물 얻을 능을 주셔서 감사합니다."

"나에게 성령님을 사랑하는 마음을 주셔서 감사합니다."

"창조의 영을 충만케 하셔서 감사합니다."

"나에게 부활의 영으로 충만케 하셔서 감사합니다."

"나는 창조적인 사람이 되었습니다."

"나에게는 무한한 상상력이 있습니다."

"나에게는 한없는 성령의 능력이 있습니다."

"나에게는 그 무엇과도 바꿀 수 없는 믿음이 있습니다."

"오직 믿음으로 나를 부요케 하셔서 감사합니다."

"성령님, 억만 번이나 사랑합니다."

"성령님, 억만 번이나 행복합니다."

그가 가난케 되심은 우리로 부요케 하려하심이라

예수님은 이 땅에 계실 때 부요했습니다.

그분은 부요하게 태어나고 부요한 삶을 사셨습니다. 그런데 십자가에 매달려 죽으실 때 벌거벗긴 채로 가난케 되셨습니다.

성경은 "그가 친히 가난하게 되심은 우리로 부요케 하려하심이라"고 말씀하고 있습니다. 예수님이 십자가에서 당신의 가난을 다 짊어지셨으므로 당신은 반드시 부요하게 살아야 합니다.

부모가 자녀를 위해 아끼고 절약해서 자녀를 공부시키고 자녀에게 좋은 것을 입히고 먹이듯, 부모가 자녀를 사랑하는 마음으로 자신은 초라하게 보일지라도 내 자녀만큼은 기죽지 않고 살게 하고 싶은 것 같이 하나님은 그분의 자녀인 당신을 위하십니다.

예수님이 그러셨습니다. 하늘 보좌 버리고 이 땅에 오신 그 예수 그리스도는 대부호이십니다. 엄청난 부자, 어마어마한 부자이십니다. 그런데 그 모든 부를 버리고 이 땅에 가난하게 오신 것은 당신의 가난을 대신 십자가에 못 박음으로 당신을 부요케 하기 위함이었습니다. 그리고 그분은 십자가에서 "다 이루었다"(요 19:30)고 말씀하셨습니다. 그러기에 당신은 부요해야 합니다.

부요해서 당신도 누리고 복음 전도에도 힘써야 합니다.

당신은 그리스도 안에서 억만장자로 살아야 합니다.

하나님이신 예수 그리스도가 자신의 몸으로 당신의 가난을 짊어지고 비참하게 죽으셨습니다. 그리고 다시 부활하심으로 당신의 모든 가난은 벗겨지고 부요한 자가 되었습니다. 그러므로 당신은 그리스도 안에서 억만장자입니다.

하나님의 자녀인 당신은 시간과 공간을 초월해 이미 대부호가 되었습니다. 이 땅에서 사는 동안 대부호 마인드를 갖고 대부호답게 행동하고 대부호답게 누리며 천국같이 살다가 천국 가는 인생이 되어야 합니다. 그것이 하나님의 자녀다운 삶입니다.

가난은 결코 예수님이 원하는 바가 아닙니다.

예수님은 당신이 부요한 자로 당당하게 살기를 원합니다.

당신은 천국 집안의 자녀이기에 즉 부유한 집안의 자녀이고 하나님의 자녀이기에 대부호로 사는 것이 마땅합니다. 꾸어 주고 나누어주고 베푸는 인생은 그 삶이 더 풍족해지고 윤택해집니다.

당신도 인생을 살다가 갑자기 무엇인가 필요를 느꼈을 때 그것을 즉시 하나님께 구하고 순적하게 응답받아 기뻐했던 기억이 있나요? 최근에 어떤 응답으로 가장 기뻐했나요?

사실 날마다 그런 응답을 받으며 사는 것이 당연합니다.

하나님은 우주의 재벌 총수이시며 모든 억만장자들의 주인이시며 하늘 창고에 무수히 많은 보화들을 갖고 계십니다.

그 많은 재물을 누구를 위해 사용할까요? 언제 사용할까요?

첫째, 가장 가치 있는 일에 사용할 것입니다. 가치로 말하자면 부모에게 있어 그 자녀의 존재 자체가 가장 큰 가치입니다. 있는 자체가 고귀한 것입니다. 그러기에 하나님은 재물을 자녀에게 사용하십니다.

둘째, 자녀가 가장 필요로 할 때 주십니다. 하나님은 그분의 형상을 닮은 당신에게 재물이 언제 가장 필요한지 그 누구보다 잘 아십니다. 그러기에 "구하라 주실 것이요 찾으라 찾을 것이요 문을 두드리라 그리하면 열릴 것이다"라고 했습니다.

때로는 구하기도 전에 미리 주십니다. 하나님은 참 좋은 분이십니다. 내가 생각만 해도 마음속으로 기도만 해도 주십니다.

"또 기도할 때에 이방인과 같이 중언부언하지 말라. 그들은 말을 많이 하여야 들으실 줄 생각하느니라. 그러므로 그들을 본받지 말라. 구하기 전에 너희에게 있어야 할 것을 하나님 너희 아

버지께서 아시느니라."(마 6:7~8)

예전에도 나는 길을 걷다가 쇼윈도에 걸린 예쁜 원피스가 너무 예뻐서 '참 예쁘다!'라고 혼자 쳐다보며 말하며 지나갔을 뿐인데 며칠 후에 소포로 똑같은 옷이 배달되어 왔습니다.

언젠가는 순금으로 반지를 한 자매가 부러워 '나도 순금 반지 끼고 싶다'는 생각을 했는데 순금으로 만든 반지를 선물 받았습니다. 생각만 해도 주신 경우는 생활 속에서 참으로 많습니다.

하나님은 그런 좋으신 하나님이십니다.

내가 믿는 하나님과 당신이 믿는 하나님은 동일한 하나님입니다. 하나님은 그분의 자녀를 사랑하심으로 자녀가 구한 것은 자녀에게 해가 되지 않는 한 반드시 주시는 좋은 분입니다. 당신도 그렇지 않습니까? 당신의 자녀에게 말입니다.

하나님은 그분의 자녀인 당신을 부요케 하십니다.

하려고 했던 일을 끝에서부터 시작하라

"생각했던 일을 끝에서부터 시작하면 쉽다."

이 말을 처음 듣고 나는 큰 충격을 받았습니다. 당신의 생각은 어떻습니까? 처음부터가 아닌 끝에서부터 시작하라는 것입니다.

나는 김열방 목사님을 만나기 전까지는 내가 계획한 것을 하나씩 하나씩 차근차근 우선순위를 선별하여 진행하는 방식을 취했습니다. 언젠가 주님이 하라고 명하신 일들을 다 마치고 난 후에 죽기 전에 책을 쓰고 싶다는 생각을 한 적이 있습니다.

그런데 김열방 목사님의 책에서 "당신이 계획한 것을, 하고 싶은 것을, 언젠가 성공하면 하려고 했던 것을 미루지 말고 지금 당장 하십시오"라는 내용을 읽고 놀랐습니다. 이전에 나는 한번도 그런 내용을 들어본 기억이 없었기 때문입니다. 다 되고 나면 하려고 했던 것을 되기 전에 먼저 하라는 것입니다.

제일 먼저 책을 써내고 그 다음에 하나씩 끝에서부터 시작하면 모든 일이 쉽다는 것입니다. 처음에는 그저 놀라기만 했는데 가만히 생각해 보니 일리가 있는 말이었습니다.

'언젠가는 해야지'라고 생각하고 계획해도 그 언젠가가 나에게 올지 안 올지 모르는 일입니다. 나이가 많아서? 기력이 쇠할 때? 몸의 거동이 불편할 때? 그때는 이미 늦다는 것을 깨달았습니다. 내가 하고 싶고 소원하는 것을 지금 먼저 하면 나머지가 쉬워진다는 생각이 들기 시작했습니다.

나는 이렇게 하나님이 주신 천재적인 지혜로 책을 씁니다. 남의 이야기를 짜깁기하는 것이 아닌 내 삶의 이야기와 깨달음을 써냅니다. 나는 책을 읽고 책을 쓰는 일에 내 시간과 물질을 투자했습니다. 내 평생 가장 가치 있는 일에 투자했습니다. 책은 나를 대신하여 내가 가지 못하는 곳까지 가서 복음을 전합니다.

사람은 어리석어서 타인이나 악한 마귀의 꾀에 잘 넘어갑니다. 그러나 지혜를 얻고 하나님의 지식이 있으면 쉽게 넘어가지 않습니다. 설령 넘어져도 오뚝이같이 신속히 일어납니다. 그런 지혜와 용기가 있는 사람은 얼마나 귀한지 모릅니다.

여호와의 신은 지혜의 영, 지식의 영, 총명의 영, 재능의 영,

모략의 영, 하나님을 경외하는 영입니다. 지혜의 영이신 성령님이 내가 예수를 구주로 믿을 때 내 안에 충만히 임하셨습니다.

예수 그리스도는 인간의 어리석음을 십자가에서 대신 짊어지고 이마에 피를 흘리며 죽으셨습니다. 그러므로 예수를 구주로 믿는 당신은 이제 더 이상 어리석은 자가 아닙니다. 더 이상 무능한 자가 아닙니다. 더 이상 무지한 자가 될 수 없습니다.

예수 그리스도는 다시 살아나셨습니다. 사망의 권세에 매여 있을 수가 없었기 때문입니다. 그가 부활의 영으로 지금 당신과 함께하십니다. 그러므로 당신은 지혜로운 하나님의 자녀가 되었습니다. 당신 안에 계신 성령님은 놀라운 지혜의 영이십니다.

당신은 인생의 마지막 순간에 무엇을 하기 원하십니까?

나중은 보장받을 수 없을지도 모릅니다. 하고 싶었던 그것을 지금 하십시오. 끝에서부터 시작하십시오. 그러면 성공합니다.

내게 하나님이 주신 지혜가 가득하다

당신에게는 하나님의 지혜가 있습니까?

나는 하나님이 주신 지혜가 가득한 천재입니다. 나는 원래 미련하고 연약한 존재였지만 지금은 하나님께 지혜를 받아 지혜롭고 내면이 강한 존재가 되었습니다. 내 안에 지혜가 가득합니다.

하나님을 경외하며 온갖 더러운 죄에 물들지 않고 세상을 성공적으로 살아가는 지혜는 어떻게 얻을 수 있을까요? 내 대신 어리석음을 담당하신 예수 그리스도를 구주로 믿으면 됩니다.

예수 그리스도는 인생의 죄와 어리석음을 대신 짊어지고 십자가에서 피 흘려 죽으셨습니다. 그리고 사흘 만에 부활하심으로 그를 믿는 자는 죄를 사함 받고 구원을 얻습니다. 그리고 언젠가 다시 오신다고 말씀하셨습니다. 그분을 믿으면 영원토록 예수의 영 성령님이 당신과 함께하십니다. "볼지어다. 내가 세상 끝날까지 너희와 항상 함께 있으리라 하시니라."(마 28:20)

어리석은 자에게 예수 그리스도의 영인 성령님이 임하시게 되므로 생수의 강이 흘러넘치게 됩니다. 생수의 강은 곧 지혜의 강입니다. 성령님은 지혜의 영이시기 때문입니다.

그러므로 하나님의 지혜와 지식과 모략과 재능과 여호와를 경외하는 영으로 충만케 됩니다. 하나님이 없다는 것이 가장 큰 어리석음인데 예수를 믿으면 하나님을 경외하며 그분을 아버지로 섬기는 지혜로운 마음이 생깁니다. 눈이 밝아집니다. 분별력이 생깁니다. 올바른 판단력이 생깁니다.

당신은 예수 그리스도가 죄와 어리석음, 이 모든 것을 십자가에서 값을 지불하고 다 이루어 놓았다는 것을 믿기만 하면 됩니다. 그러면 지혜의 영이신 성령 하나님이 당신 안에 가득히 거하시게 됩니다. 성령님을 모시면 당신도 지혜가 생깁니다.

성령님을 모시면 지혜가 충만하게 됩니다. 완전한 지혜자는 여호와 하나님의 영이신 성령님이십니다. 성령님은 곧 창조의 영이십니다. 창조의 영을 받은 사람은 세상 어떤 사람들보다 더욱 지혜롭게 됩니다. 모든 일에 성령님을 존중히 모십시오.

그분은 내게 삶 속에서 사물과 사건을 활용하거나 사람들과의 관계에서 그들을 잘 이끄는 천재적인 지혜를 주셨습니다.

하나님은 당신을 사랑하시고 당신에게도 지혜를 주셨습니다.

당신은 지혜로운 하나님의 자녀입니다.

끝에서부터 시작하니 모든 일이 쉬워졌다

가격이 높아 쉽게 못하고 가격만 물어보고 나왔던 안경점에 가서 다초점안경을 맞추었습니다. 운전할 때 선글라스를 쓰면 눈이 덜 부신다는 것을 알면서도 눈 시력의 도수가 높아 안경알 값이 비싸다는 생각으로 구입하지 않았다가 이번에 구입했습니다.

원두커피를 마시고 싶을 때 카누를 사서 마셨는데 요즘은 카페에 가서 원두커피를 자주 마십니다. 여유 있을 때, 시간 많을 때, 여윳돈이 많을 때 하려고 했던 일을 지금 하는 것입니다.

아들이 휴가 왔다가 부대까지 돌아가는데 6~7시간가량 걸립니다. 그러면 '아들이 잘 도착했을까?' 하는 마음으로 기도하고 궁금했습니다. 그러나 이번에는 아들이 부대로 출발하고부터 기도 한번 하고 잊고 잠도 잘 자고 다음날 새벽에 눈을 떴습니다.

"아들이 부대에 잘 복귀했음, 감사합니다" 하고 믿음의 기도를 하고 하나님께 완전히 맡기니 전혀 걱정이 안 되었습니다. 이처럼 나는 모든 일에 마음의 자유를 누리게 되었습니다.

예수님은 우리에게 자유를 주셨습니다. "진리를 알지니 진리가 너희를 자유케 하리라"고 했습니다. 그분은 우리가 매여 안절부절못하거나 염려하는데 세월을 허비하지 않기를 원하십니다.

사람들은 365일 염려하지만 우리 예수님은 "수고하고 무거운 짐 진 자들아, 다 내게로 오라. 내가 너희를 쉬게 하리라"고 말씀하셨습니다. 인생의 수고를 내려놓고 매인 것을 풀었을 때 해방과 자유의 환성을 지르게 됩니다.

예수님은 내 인생의 목마름을 해결하셨을 뿐 아니라 늘 넘치도록 생수가 흐르게 하셨습니다. 당신도 예수님이 대신 지신 인생의 모든 수고로움을 다시 짊어지지 말고 평안과 여유, 기쁨 가운데 생활해야 합니다. 어떻게 하면 그것이 가능할까요?

무엇을 하든지 끝에서부터 시작하면 됩니다.

마가복음 11장 24절에 "그러므로 내가 너희에게 말하노니 무엇이든지 기도하고 구하는 것은 받은 줄로 믿으라. 그리하면 너희에게 그대로 되리라"고 했습니다. 시간과 공간을 초월해 기도하고 구한 것을 이미 받았다면 끝에서부터 시작해야 합니다.

첫째, 당신의 인생 계획 가운데 10년 후에, 20년 후에 하고자 했던 일을 지금 바로 하면 쉽습니다.

둘째, 책을 읽을 때도 뒤에서부터 읽기를 시도해 보십시오. 나도 그랬더니 책 전체가 한눈에 다 보이는 것 같았고 이해도 쉬웠습니다.

셋째, 기도도 이미 받았다고 믿고 감사하면 저절로 응답됩니다. 받았다면 더 이상 울며 애원할 필요가 없습니다. 감사만 하면 됩니다.

빌립보서 4장 6절에 "아무 것도 염려하지 말고 다만 모든 일에 기도와 간구로, 너희 구할 것을 감사함으로 하나님께 아뢰라.

그리하면 모든 지각에 뛰어난 하나님의 평강이 그리스도 예수 안에서 너희 마음과 생각을 지키시리라"고 했습니다.

당신이 받았다고 믿고 하나님께 완전히 맡겼다면 이제부터는 하나님이 그 모든 일을 행하실 차례입니다. 당신은 완전히 맡기고 완전히 믿어야 합니다. 완전히 맡기면 그분이 이루십니다.

끝에서부터 기도했더니 내 모든 염려가 없어졌습니다.

더 이상 걱정이나 조바심이 없습니다. 염려할 시간, 걱정할 시간에 산책도 할 수 있고 책도 읽을 수 있고 운동도 할 수 있고 집안일도 할 수 있고 다른 볼일을 볼 수도 있습니다.

당신도 나처럼 끝에서부터 하면 세월을 아끼게 됩니다.

아침에 일어나 음악을 듣고 원두커피를 마시며 책을 읽고 또 책을 쓰고 있습니다. 몸의 건강을 위해서 공원을 운동하는 마음으로 걷고 뛰었는데 지금은 성령님의 얼굴을 보며 대화를 나누고 성령님의 음성을 들으려고 공원에서 산책을 합니다.

'나이가 많아서'라고 생각했던 것을 지금은 '아직 살아야 할 날이 많아서'라고 생각하며 더욱 세월을 아낍니다. 사람들과 카톡, 문자, 전화, 만남을 즐기다가 지금은 성령님께 묻고 성령님의 음성에 민감하게 반응하며 선별합니다. 나에게 주어진 시간을 귀하게 여깁니다. 나의 시간은 돈보다 더 귀하며 생명과도 같습니다. 그래서 나는 아무나 함부로 만나 얘기하지 않습니다.

아직은 만나고 싶은 사람들이 많지만 성령님께서 그런 절제의 마음을 훈련하라 하십니다. 말하고 싶은 얘기도 많지만 말의 절제 훈련도 하라 하십니다. 나는 이제 알 것 같습니다. 무엇이든

크게 생각하는 마인드로 전환되면 큰 것도 작아 보인다는 것을……:

크게 생각하면 아무것도 아니다

당신은 "다 이루었다"고 믿고 크게 생각해야 합니다.

그러면 문제를 해결하는 것이 쉽습니다. 큰 문제 앞에서도 당황하지 않습니다. 염려나 걱정하지 않습니다. 멀리 보는 시야를 갖게 되면 멀게만 느껴졌던 것이 그리 멀지않습니다. 마음이 가까워지면 그곳에 도착하는 것도 더 빨라집니다.

염려할 시간에 지금 주어진 삶을 행복하게 누리십시오.

그러면 인생이 즐겁고 조급함이 사라집니다. 그러면 마음이 한결 편안해집니다. 삶이 여유롭습니다. 당신도 끝에서부터 시작해 보십시오. 요즘 나는 책도 끝에서부터 읽습니다. 기도도 "이미 응답받았음, 감사합니다"라고 믿음의 기도를 합니다.

끝에서부터 시작하면 인생이 달라집니다.

부모님이 계신 집을 소중히 여겨라

당신은 가출을 경험한 적이 있습니까?

탕자는 집 밖에 뭔가 대단한 것이 있을 줄 알고 재산을 상속받아 짐 보따리를 싸 들고 집을 나갔습니다. 떠돌며 밑바닥 삶을 경험하다가 결국 마지막에 제정신이 들어 큰 깨달음의 한 마디를 내뱉습니다.

"내 아버지의 집에는 양식이 풍부하여 많은 일꾼들이 먹고도 남는데 나는 여기서 굶어 죽는구나!"(눅 15:17, 현대인의 성경)

인생의 끝은 집입니다. 하루 일과가 끝나고 해가 질 때쯤이면 집으로 돌아와야 합니다. 해가 지면 집에서 쉬며 시간을 보내야 합니다. 집에서의 잠이 최고급 호텔보다 백배나 낫습니다.

"집은 호텔보다 백배나 낫다. 집은 천만 원짜리 호텔이다."

혹시 가출을 시도하려고 마음먹고 있다면 생각을 바꾸십시오.

나는 가출을 시도한 적이 있습니다. 그 이유는 오직 교회를 다니고 싶었기 때문이었습니다. 당시 불교가 심했던 우리 집에서 셋째 언니가 나를 전도해 놓고 서울에 있는 둘째 언니 네로 가 버렸기 때문입니다. 아침마다 우리 집에서 카세트로 불경 테이프를 틀어 놓았던 내가 교회에 가고 싶었습니다. 하지만 엄마와 아버지가 교회 가면 죽인다고 위협했습니다. 그리고 교회 가면 머리를 싹 밀어 버린다고 했기에 무척 두려웠습니다.

그때는 신앙이 밑바닥이고 예수님도 정확히 잘 모르고 엄마와 아버지의 말이 무섭고 두렵기만 했습니다. 그래서 집에 있다가는 도저히 교회를 가지 못할 것 같았습니다. '어떻게 하면 교회를 갈 수 있을까?' 생각하는데 마침 집에 있던 구겨진 신문이 눈에 띄어 보니 서울에서 먹여 주고 재워 주고 돈도 벌 수 있는 가정부 자리가 있다는 광고가 있었습니다.

나는 이거다 싶어 바로 전화했습니다. 주소를 받아 적고 부모님에게 편지 한 통 써서 초등학생인 남동생에게 주었습니다. 누나가 가고 나면 밤늦게 드리라고 부탁해 놓았습니다. 편지에는 내가 서울 가서 돈을 벌어 올 때까지 나를 찾지 말라고 썼고 "일요일은 교회에 갑니다"라고 적었습니다. 그날 밤 혼자 멀리 떠나는 두려움보다는 그렇게 해서라도 교회 갈 수 있다는 마음이 더 컸기에 부산역에서 막차 기차를 타고 야간 가출을 시도했습니다.

밤새 달리는 열차에서 새벽에 도착해 내릴 때까지 파란색 성서유니온에서 나온 성경책을 읽었습니다. 그리고 그 추운 겨울 새벽에 서울역에 도착하여 공중전화 박스에서 전화해 그 사람과 만나기로 한 서울역 근처의 어느 다방으로 갔습니다.

새벽이라 그곳에 들어서니 아무도 없고 체격이 좋은 시커먼 양복을 입은 남자 한 명과 서울깍쟁이 같이 생긴 여자가 있었습니다. 나는 가정부 자리인 줄 알고 갔고 전화상에서나 신문에서도 분명히 가정부를 구한다고 했는데 그게 아니었습니다.

그 여자가 눈짓을 덩치 큰 남자에게 보내니 남자가 다른 곳으로 자리를 이동했습니다. 그때 주인 여자가 하는 말이 "여기는 남자들과 잠자는 곳이다. 돈은 많이 준다. 그런데 어떻게 왔냐?"고 물었습니다. 나는 놀랐지만 똑 부러지게 대답했습니다.

"내가 가정부 자리라도 좋다고 서울까지 온 이유는 교회를 갈 수 있기 때문이다. 나는 예수님을 믿는다."

그리고 가겠다고 일어나서 걸어 나오는데 멀찍이 앉아 있던 덩치 큰 남자가 멀리서 보고 일어났습니다. 따라 나올 기세였습니다. 그때 주인 여자가 눈짓을 하니 더 이상 따라오지 않았습니다. 나는 너무 무섭고 놀랐지만 침착하게 그곳을 빠져나와 곧바로 서울역에서 표를 끊고 부산으로 돌아왔습니다.

밤새 잠 한숨도 안 자고 성서유니온에서 나온 파란색 신약성경을 흔들리는 부산행 기차 안에서 또 읽고 읽으며 돌아왔던 그날을 지금도 결코 잊지 못합니다. 주님께서 말씀하십니다.

"대저 여호와는 지혜를 주시며 지식과 명철을 그 입에서 내심이며 그는 정직한 자를 위하여 완전한 지혜를 예비하시며 행실이 온전한 자에게 방패가 되시나니 대저 그는 공평의 길을 보호하시며 그 성도들의 길을 보전하려 하심이니라."(잠 2:6~8)

시험에 든다 할 때에 피할 길을 내신다

만약 그때 일이 잘못되었다면 나는 어떻게 되었을까요?

생각만 해도 끔찍합니다. 이후 생각해 보니 전지전능하신 하나님께서 이제 교회 다니기 시작하여 오로지 교회에 가야겠다는 마음 하나만으로 가출을 했던 영적으로 갓난아이와 같은 나를 측은히 여기시고 또 사랑스레 보시며 서울의 그 주인 여자의 마음을 사로잡아 나를 붙잡지 않도록 하신 것입니다.

"사람이 감당할 시험 밖에는 너희가 당한 것이 없나니 오직 하나님은 미쁘사 너희가 감당하지 못할 시험 당함을 허락하지 아니하시고 시험 당할 즈음에 또한 피할 길을 내사 너희로 능히 감당하게 하시느니라."(고전 10:13)

어려운 일을 만나면 하나로 뭉쳐야 한다

당신도 가출하고 싶었던 적이 있습니까? 무엇 때문입니까?

가출은 결코 자랑거리가 아닙니다. 오히려 부끄러운 일입니다. 집과 부모님의 가치를 알고 소중하게 여겨야 합니다.

청소년들이 가출하여 잘못된 길로 가거나 어른들이 가출하여 노숙자가 되어 집에 가고 싶어도 못가는 신세가 된 경우가 많습니다. 청소년들은 집이 싫고 잔소리하는 어머니와 아버지가 싫어서 무작정 집을 떠납니다. 그러나 집을 떠난 어린 양들을 배고픈 이리들이 그냥 내버려두지 않습니다.

사업을 하다가 부도가 나서 빚더미에 앉아서 어쩔 수 없어 길거리에서 박스와 신물을 덮고 노숙하는 분들이 있습니다. 누군들 좋아서 가출했겠습니까? 그러나 가출은 집을 피하는 것이고 가출은 부모 혹은 자녀, 배우자를 피하는 행위입니다.

가족을 피하지 말아야 합니다. 아무리 힘들고 어려운 일을 만나도 가족은 하나로 뭉쳐야 합니다. 특히 자기 혈육을 돌아보지 않는 자는 불신자보다 더 악한 자라고 성경에 말씀했습니다.

"누구든지 자기 친족 특히 자기 가족을 돌아보지 아니하면 믿음을 배반한 자요 불신자보다 더 악한 자니라."(딤전 5:8)

아무리 힘든 일이 있어도 가출하지 마라

당신은 지금 가출하고 싶은 마음이 굴뚝같습니까?

아직은 때가 아닙니다. 때가 되면 저절로 멋진 배우자와 결혼하여 독립된 가정을 이루게 됩니다. 조금 힘들다고 맡겨진 책임을 회피하는 연약한 길을 선택하는 습관을 들이지 말고 끝까지 부딪혀 맡겨진 책임을 감당해 내는 강인한 길을 선택하는 습관을 들여야 합니다. 지금 피한다면 반드시 그런 일이 반복됩니다.

당신이 지금 부딪힌 그 문제를 해결하지 못하면 그 문제는 결코 사라지지 않습니다. 당신의 인생 끝까지 따라가 또 맞부딪힙니다. 그 문제를 깨뜨리든지 넓은 마음으로 품든지 해야 합니다.

어떤 일이 있어도 가출하지 말고 당신 안에 가득히 계신 지혜의 영이신 성령님과 함께 부딪혀 해결하도록 하십시오.

문제는 해결하라고 주신 것이다

당신은 지금 어떤 문제 때문에 고통스러워합니까?

백배로 크게 생각하면 그 문제는 간단하게 해결됩니다.

문제는 결코 피하라고 있는 것이 아닙니다. 해결하라고 있는 것입니다. 그 문제를 해결할 때 당신은 그만큼 더 강해집니다.

나는 당면한 문제를 피했다가 영영 집으로 돌아오지 못할 뻔했습니다. 당신도 "힘들다, 속상하다, 마음이 안 맞는다, 가족이 보기 싫다" 등등의 갖가지 가출에 대한 이유가 있겠지만 그걸 극복해야 합니다. 뛰어 넘어야 합니다. 부딪혀 해결해야 합니다. 이겨내야 합니다. 그래야 나중에 든든한 가장이 될 수 있습니다.

당신이 가출하면 남아 있는 가족들의 마음이 깨어집니다. 가출하면 누구의 마음이 제일 아플까요? 함께했던 가족입니다.

집 나간 식구가 어디서 무엇을 하며 사는지 모르는 집안에 있는 모든 가족은 생활의 모든 리듬이 깨지고 마음에도 큰 균열이 생깁니다. 당신의 몸과 마음과 생활도 모두 불안해집니다.

성경에 보면 아버지의 허락을 받고 집을 가출한 돌탕 곧 돌아온 탕자가 있습니다. 그는 아버지의 많은 재산을 미리 받아 먼 곳에 가서 허랑방탕하게 생활하고 돈을 다 없이한 후에 먹을 것이 없어 돼지가 먹는 쥐엄 열매로 허기를 채워야 했습니다.

그 둘째아들은 회개하고 돌이켰습니다. "내 아버지 집에는 양식이 풍족한 품꾼이 얼마나 많은고? 나는 여기서 굶주려 죽는구나"라고 했습니다. 밖에 나가면 잠깐의 쾌락이 있을 뿐입니다. 진짜 풍족함은 가정에 있습니다. 바깥을 기웃거리지 말고 가정에 충실하십시오. 그 가정에서 천국을 발견하고 즐기십시오.

하나님의 자녀는 좋은 집에서 살아야 한다

당신은 노숙자의 삶을 살고 있지 않습니까?

나는 거지가 아닌 왕족이므로 노숙자의 삶이 싫습니다.

나는 아름다운 거실과 따뜻한 가족이 있는 집이 좋습니다. 아늑한 침실과 따끈따끈하고 맛있는 요리가 좋습니다. 우리는 하나님의 자녀이므로 노숙자가 아닌 귀족의 길을 선택해야 합니다.

"예수님도 가난한 노숙자의 삶을 살지 않았나요?"

그렇지 않습니다. 예수님은 원래 부요하신 분이었습니다.

"우리 주 예수 그리스도의 은혜를 너희가 알거니와 부요하신 이로서 너희를 위하여 가난하게 되심은 그의 가난함으로 말미암

아 너희를 부요하게 하려 하심이라."(고후 8:9)

예수님은 복음을 전파하고 제자들을 훈련하기 위하여 스스로 3년 동안 노숙자 같은 신세로 살았습니다. 예수님은 당신이 가출하지 말고 당신이 노숙자가 되지 말라고 당신 대신 가출하시고 당신 대신 노숙자가 되셨습니다. 하늘나라의 궁전에서 살던 예수님이 가출하시어 낮고 냄새나는 이 세상에 오셔서 친히 노숙자가 되셨습니다. 그 좋은 왕의 자리를 내려놓고 낮고 천한 자리에 오신 것입니다. 예수님의 경우는 하나님이 허락한 가출입니다.

"그는 근본 하나님의 본체시나 하나님과 동등 됨을 취할 것으로 여기지 아니하시고 오히려 자기를 비어 종의 형체를 가져 사람들과 같이 되었고 사람의 모양으로 나타나셨으매 자기를 낮추시고 죽기까지 복종하셨으니 곧 십자가에 죽으심이라."(빌 2:6~8)

"그렇다면 우리도 그렇게 살아야 하지 않나요?"

아닙니다. 그건 하나의 과정이지 전부가 아닙니다. 다음 구절을 보십시오. 예수님의 목적은 만물의 구원과 회복이었습니다.

"이러므로 하나님이 그를 지극히 높여 모든 이름 위에 뛰어난 이름을 주사 하늘에 있는 자들과 땅에 있는 자들과 땅 아래 있는 자들로 모든 무릎을 예수의 이름에 꿇게 하시고 모든 입으로 예수 그리스도를 주라 시인하여 하나님 아버지께 영광을 돌리게 하셨느니라."(빌 2:9~11)

내가 아는 어떤 가족은 사업 문제로 가족의 합의 하에 잠시 떨어져 살기로 했다가 자신들의 문제가 해결되자 다시 합쳤습니다.

그러나 어떤 이유에서든지 가족의 동의하에 결정되는 것이 아니면 가출하지 말아야 합니다. 스스로 노숙자로 전락하지 말아야 합니다. 마귀는 우는 사자같이 삼킬 자를 찾아 두루 다니고 있습니다. 가족과 함께해야 합니다. 예수님과 함께해야 합니다. 교회를 떠나지 말아야 합니다. 성령 하나님과 늘 함께해야 합니다.

가족의 마음을 아프게 하고 방탕한 마음으로 가출하여 성공한 사람은 거의 없습니다. 나는 도저히 집에서는 신앙생활을 할 수 없어서 나 혼자 교회를 다니겠다고 무작정 가출했습니다. 하지만 그 가출도 어리석은 생각이었습니다.

그런 나를 하나님이 불쌍히 여겨 한번 빠지면 나오기 힘든 수렁과 같은 어둡고 더러운 곳에서 바로 건져주셨습니다. 그 주인 여자의 마음을 순간적으로 움직이신 것입니다. 그리고 안전한 집으로 돌려보내 주셨습니다. 그때 나는 알았습니다.

"밖에는 이리들이 득실거리고 있구나."

양 무리를 떠나면 이리들이 달려듭니다. 나는 집이 제일 안전하다는 것을 늦게 깨달았던 어리석은 자였습니다. 부산으로 되돌아오는 기차 안에서도 잠이 오지 않았습니다. 계속해서 신약성경을 보니 밤새 "계란, 사이다 있어요"라고 외치며 지나가던 역무원이 흘끔흘끔 이상한 눈으로 나를 쳐다보았습니다.

'밤새 기차 타고 가더니 새벽에 또 탔네' 하는 표정을 짓고 무슨 일인가 궁금해 하며 왔다 갔다 하면서 나를 계속 쳐다보았습니다. 나는 부산역에 도착했지만 남동생에게 준 편지 때문에 집에서 엄마와 아버지의 얼굴을 볼 면목이 없었습니다. 그래도 '집이 제일이다'는 생각에 야단맞을 각오를 하고 살금살금 부엌문으로 들어갔습니다. 부엌문을 여는 순간 깜짝 놀랐습니다.

남동생이 부엌에 서 있었습니다. 남동생은 마치 누나가 올 것을 알고 있었다는 듯이 아무 말 없이 어제 밤에 내가 주었던 편지를 그대로 돌려주었습니다. 부모님께 편지를 드리지 않았다고 했습니다. 나는 크게 안도의 한숨을 쉬었습니다.

'아이고 살았다' 하고 아무 일도 없었던 것처럼 집에 있었습니다. 남동생에게 궁금해서 물었습니다.

"누나 어디 갔다고 했니?"

"누나 친구 집에서 자고 온다고 말했어."

어린 나이에 시키지도 않았는데 정말 놀랐습니다. 무슨 이유인지 그때부터 부모님이 내가 교회 가는 것을 애써 모른 척 하시는 것을 느꼈습니다. 어디 가냐고 항상 묻곤 했었는데 전혀 묻지를 않아 굳이 거짓말을 할 필요가 없어졌습니다. 그때부터 나는 부모님 눈치 보지 않고 자유롭게 교회를 다닐 수 있었습니다.

그 당시에 어떻게 부모님의 마음이 바뀌었는지 참 신기하다고 생각하며 교회를 다녔습니다. 나는 예수 그리스도만이 나의 진정한 피난처이자 최고의 안전지대임을 확신했습니다.

"환난 날에 나를 부르라 내가 너를 건지리니 네가 나를 영화롭게 하리로다"라는 말씀대로 예수님이 진정한 나의 도피처입니다.

세상 어느 곳에도 참된 피난처는 없습니다. 하나님이 짝 지어준 가족, 가정, 교회, 오직 예수 그리스도만이 진정한 나의 피난처입니다. 당신도 믿음의 주요 또 온전케 하시는 이인 예수 그리스도만 바라보십시오. 거기에 참된 평안이 있습니다.

예수 그리스도는 우리에게 평안을 주시려고 친히 십자가에 못 박히셨습니다. 인생의 두려움과 징계를 대신 모두 짊어지신 것입니다. 그리고 부활하신 예수님은 세상이 줄 수 없는 하나님으로부터 온 큰 평안을 제자들에게 주셨습니다.

"평안을 너희에게 끼치노니 곧 나의 평안을 너희에게 주노라. 내가 너희에게 주는 것은 세상이 주는 것 같지 아니하니라. 너희는 마음에 근심도 말고 두려워하지도 말라."(요 14:27)

자살하려는 생각을 당장 멈추고 버리라

당신은 어떠한 일로 마음에 두려움이 있습니까?

지금 어떤 염려와 걱정거리로 고민합니까? 그 작은 문제 때문에 이 세상을 가출하려는 생각 곧 자살은 영원히 꿈도 꾸지 마시기 바랍니다. 이 땅에서의 가출은 잠시일 수 있으나 세상을 떠나려 하는 가출은 영원한 죽음에 치닫습니다. 당장 멈추십시오.

이러한 사람은 성경에서 지옥에 간다고 했습니다. 영원히 꺼지지 않는 불 못입니다. 너무 고통스러워 죽고 싶고 세상을 떠나고 싶어도 절대로 당신 마음대로 해서는 안 되는 것이 바로 당신의 목숨입니다. 이 세상에서의 영원한 가출을 하나님은 당신에게 허락하지 않았습니다. 왜냐하면 당신의 생명의 주인은 하나님이기 때문입니다. 당신의 생명은 소중합니다. 그리고 당신을 만물보다 아끼시는 분이 바로 하나님이십니다.

그러므로 당신의 영원한 피난처가 되시며 도피처가 되시는 예수 그리스도께 당신의 인생을 걸고 새 마음으로 다시 인생을 출발하십시오. 예수 그리스도가 지금 당신과 함께하십니다.

"나를 사랑하는 자들이 나의 사랑을 입으며 나를 간절히 찾는 자가 나를 만날 것이니라."(잠 8:17)

나는 무슨 일을 만나든지 예수 그리스도가 내 마음에 계심으로 인해 평안이 가득합니다. 예수! 가장 귀한 그 이름 예수!

오직 예수 그리스도만이 당신에게 참 평안을 주십니다.

다 이루었다는 믿음으로 시작하라

당신은 예수님의 십자가를 사랑하십니까?

나는 예수님의 십자가를 사랑합니다. 내가 예수님의 십자가를 사랑하게 된 것은 내가 먼저 사랑하고자 해서 사랑하게 된 것이 아닙니다. 하나님께서 먼저 십자가 사랑을 예비하시고 그 사랑을 나에게 보여주시고 부어 주셨기 때문입니다.

예수님의 보혈이 내 가슴을 뛰게 한다

예수님이 십자가에서 흘리신 보혈은 내 가슴을 뛰게 하고 뜨거워지게 합니다. 예수님의 뜨거운 피가 흐르는 십자가를 마주 대할 때 나의 죄성은 금방 무너져 내립니다.

십자가에서 흐르는 예수님의 뜨거운 피를 받아들일 때 예수님의 보혈은 냉랭한 나의 심장을 뜨겁게 합니다. 그리고 나의 심장에 가득한 예수님의 보혈은 내가 복 있는 자로서의 삶, 의인의 삶을 살아가도록 해줍니다.

믿음의 법이 나를 해방하였다

당신은 내면의 죄성을 어떻게 극복하고 있습니까?

스스로의 힘과 의지로 없애 버리고자 투쟁하고 있나요? 만일 당신이 자신의 힘과 의지로 내면의 죄성을 극복하고자 투쟁하고 있다면 실패할 것입니다. 인간의 노력이 실패할 수밖에 없는 것은 인간에게는 죄의 소욕을 이길 힘이 없기 때문입니다.

그것은 하나님의 방법이 아니기 때문입니다. 사도 바울도 스스로의 힘과 의지로 내면에 용솟음치는 죄의 소욕을 극복하고자 투쟁했지만 실패했고 탄식할 수밖에 없었습니다.

"내 속사람으로는 하나님의 법을 즐거워하되 내 지체 속에서 한 다른 법이 내 마음의 법과 싸워 내 지체 속에 있는 죄의 법으로 나를 사로잡는 것을 보는도다. 오호라, 나는 곤고한 사람이로다. 이 사망의 몸에서 누가 나를 건져내랴."(롬 7:22~24)

사도 바울은 여기에 대한 해답을 찾았습니다. 무엇일까요?

"이는 그리스도 예수 안에 있는 생명의 성령의 법이 죄와 사망의 법에서 너를 해방하였음이라.(롬 8:2)

그렇습니다. 죄와 사망의 몸에서 당신과 나를 건져낼 수 있는 것은 오직 예수 그리스도 복음의 능력입니다. 복음의 능력이 무엇일까요? "예수님이 십자가에서 다 이루었다. 두려워 말고 믿기만 하라"는 것입니다. 이것을 믿는 믿음의 법이 곧 생명의 성령의 법입니다. 죄의 법과 사망의 법은 율법주의를 가리킵니다. 생명의 법, 성령의 법은 곧 복음에 대한 믿음입니다. 하나님이 율법 아래 있는 우리를 속량하고 살리기 위해 '믿음의 법'을 세우셨습니다. 이러한 믿음의 법을 인정할 때 죄를 이기게 됩니다.

"그런즉 자랑할 데가 어디냐? 있을 수가 없느니라. 무슨 법으로냐 행위로냐? 아니라. 오직 믿음의 법으로니라. 그러므로 사람이 의롭다 하심을 얻는 것은 율법의 행위에 있지 않고 믿음으로 되는 줄 우리가 인정하노라."(롬 3:27~28)

하나님의 가장 큰 능력은 십자가의 도다

하나님의 가장 큰 능력이 무엇이라고 생각하십니까?

천지를 창조한 것, 홍수가 나게 한 것, 홍해를 가른 것, 태양을 멈추게 한 것, 죽은 사람을 살린 것입니까? 아닙니다.

하나님의 가장 큰 능력은 바로 예수님의 십자가입니다.

예수님의 십자가는 하나님의 지혜입니다. 예수님의 십자가는 하나님의 능력입니다. 예수님의 십자가를 사랑하십시오. 예수님의 십자가 능력을 의지하십시오. 십자가의 도를 붙드십시오.

"십자가의 도가 멸망하는 자들에게는 미련한 것이요 구원을 받는 우리에게는 하나님의 능력이라."(고전 1:18)

예수님의 십자가는 저주와 죽음을 의미합니다. 하나님의 아들 예수 그리스도가 우리 대신 죄와 목마름과 병과 가난과 어리석음과 징계와 죽음을 다 짊어지고 십자가에서 땀과 피와 눈물을 쏟으며 모든 값을 지불하고 죽으셨습니다. 다 이루었습니다.

예수님이 죽을 때 우리의 옛사람도 함께 죽었습니다. 예수님이 부활하실 때 우리도 그 안에서 함께 부활했습니다. 우리는 예수님의 죽으심과 부활하심에 대해 믿음으로 말미암아 연합한 자가 되었습니다.

사도 바울이 문제 많은 고린도 교회 성도들을 돕고자 했을 때 고민하거나 고상한 말을 하거나 그들과 토론하지 않았습니다. 바울은 그들에게 십자가의 도를 전했습니다. 또한 바울은 고린도 성도들을 대할 때 예수그리스도와 그가 십자가에 못 박히신 것 외에는 아무것도 알지 아니하기로 작정하였습니다.

"내가 너희 중에서 예수 그리스도와 그가 십자가에 못 박히신 것 외에는 아무 것도 알지 아니하기로 작정하였음이라."(고전 2:2)

온갖 미신과 우상에서 나를 건진 십자가

당신은 예수님의 십자가 능력을 체험했습니까?

나는 예수님의 십자가 능력을 체험했습니다. 예수님의 십자가는 온갖 미신과 우상 숭배에서 나를 건져주었습니다.

내가 태어나고 자랐던 마을은 야산이 많은 강의 상류에 위치해 있었습니다. 나는 어머니와 함께 마을 앞 강가에 가서 소원을 빈 적이 있었습니다. 평소에는 강의 폭이 30미터, 깊은 곳이 2미터 정도였다가 폭우가 내리면 강의 폭이 200미터, 강의 깊이가 10미터 이상 되는 급류로 변하였습니다.

그래서인지 어머니는 물의 위험으로부터 나를 지키고 보호하고자 물의 용왕에게 치성을 드렸습니다. 내가 일곱 살 무렵 어느 날 저녁에 어머니는 내 발을 창호지에 대고 나의 발모양대로 그림을 그렸습니다. 그리고 지푸라기와 먹을 것을 준비하셨습니다.

어머니는 나를 데리고 강가에 가더니 지푸라기에 먹을 것과 나의 발모양이 그려진 창호지를 올려놓고 물의 신 용왕에게 나의 무사 안녕을 빌었습니다. 나를 잡아가지 말고 살려 달라고 빌었습니다. 나의 발모양을 기억하고 내가 물에 들어오면 보호해 달라는 것이었습니다.

당시에는 익사 사고가 종종 있었지만 나는 약간의 급류에서도 수영하는 것을 즐겼습니다. 영웅 심리와 경쟁의식이 있었는지 동네 후배들과 급류를 건너는 모험을 좋아하였습니다. 위험한 적은 있었지만 사고는 없었습니다. 내가 예수님을 몰랐다면 물에서의 안녕이 어머니의 치성과 용왕의 보호임을 믿었을 것입니다. 그리고 지금도 물을 두려워하고 용왕을 섬겼을 것입니다.

그리고 나의 아버지는 매년 정월이 되면 읍내에 있는 절에 가셔서 스님에게 점괘를 물어 보셨고 가정의 안녕을 비셨습니다. 자녀를 위한 일인데 싫다고 할 수 없었고 좋은 일로만 알았습니다. 아버지는 스님의 점괘와 조언을 깊이 신뢰하셨습니다. 그리고 스님의 가르침을 그 해 가정교육의 지침으로 삼으셨습니다. 그 영향 때문인지 나는 나도 모르는 주문을 외우고 다녔고 목탁을 두드리는 흉내까지 냈습니다.

중 2때 수학여행을 전남 구례 화엄사로 갔는데 큰 충격을 받았습니다. 절 안의 고즈넉한 모습, 정돈된 분위기, 아름다운 경

치, 맑은 물소리 등은 어린 나의 마음을 설레게 하였습니다. 수
행하는 스님들의 모습은 진지했고 나의 마음을 영원히 둘 만한
무엇인가가 있을 것처럼 보였습니다. 나는 바로 그곳이 사람들이
꿈꾸는 이상향 곧 낙원이 있지 않을까 하는 생각을 했습니다.

저녁에 화엄사 근처 숙소에서 보냈는데 푸른 초장과 쉴 만한
물가에 누워 있는 것 같았습니다. 무서워서 꿈에서도 나타나는
사천왕상의 모습을 빼고는 그곳에서 속세를 떠나 영원한 안식을
누리고 싶은 마음이 들었습니다. 왜냐하면 나의 맘에는 피곤하고
문제 많은 세상을 벗어나고 싶은 마음이 있었기 때문입니다.

예수님을 알지 못했다면 어찌 되었을까

내가 예수님을 알지 못했다면 어떻게 되었을까요?

아마 석가의 제자는 아니더라도 그의 영향을 깊이 받았을 것
이라는 생각이 듭니다. 내가 복음을 듣지 못했더라면 아마 내가
어린 시절 꿈꾸었던 스님의 길을 갔을 것이라는 생각도 듭니다.

그러나 하나님의 은혜로 예수님의 십자가 사랑을 알았기 때문
에 나의 마음 둘 곳을 찾았습니다. 나는 속세를 떠나 방황하지
않아도 되었으며 예수님 품 안에서 영원히 안식할 수 있게 되었
습니다. 지금 나는 천국같이 행복한 마음으로 살고 있습니다.

말씀에서 예수님의 십자가를 경험하라

당신은 예수님의 십자가를 어디에서 찾습니까?

나는 하나님의 말씀에서 예수님의 십자가를 찾았습니다.

내가 예수님의 십자가를 믿고 경험하게 된 것은 하나님의 말씀을 통해서였습니다. 예수님의 십자가의 대속의 은혜를 풍성히 깨달아 알게 된 것도 하나님의 말씀을 통해서였습니다.

하나님의 말씀은 나에게 올바른 십자가 신앙과 구원의 지식을 심어 주었습니다. 하나님의 말씀은 하나님의 창조, 인간의 타락, 하나님의 구속, 예수님의 재림에 대한 신앙 지식과 기독교 세계관을 모두 알게 해 주었습니다.

그런데 안타깝게도 내가 예수님의 십자가 능력과 사랑, 그리고 은혜의 세계로 들어가는 데는 꽤 많은 시간이 걸렸던 것 같습니다. 그래서 내가 이렇게 책을 쓰는 것은 당신이 빙빙 돌지 말고 바로 십자가의 은혜를 깨닫고 누리게 하기 위함입니다.

"그러므로 우리는 두려워할지니 그의 안식에 들어갈 약속이 남아 있을지라도 너희 중에는 혹 이르지 못할 자가 있을까 함이라. 그들과 같이 우리도 복음 전함을 받은 자이나 들은 바 그 말씀이 그들에게 유익하지 못한 것은 듣는 자가 믿음과 결부시키지 아니함이라. 이미 믿는 우리들은 저 안식에 들어가는도다."(히 4:1~3)

천군 천사에게 둘러싸인 기분이었다

나는 초등학교 6학년 때 처음으로 읍내에 있는 교회를 가게 되었습니다. 교회가 좋아서 가게 된 것은 아니었습니다. 나는 본래 교회 다니는 친구를 미워했습니다. 내가 그를 미워한 것은 나는 불교인인 데 그는 기독교인이라는 것, 단지 그 사실 하나 때문이었습니다. 특히 성경책이 미웠습니다.

그럼에도 불구하고 내가 교회를 가게 된 동기는 예쁘고 착하고 공부를 잘하는 친구들이 모두 교회에 다니고 있었기 때문입니다. 지금도 내가 처음 주일 예배에 나갔던 장면이 떠오릅니다. 그때 어떤 분이 처음 예배 나온 사람은 일어서 보라고 해서 일어났는데 그 장면이 지금도 생생하게 떠오릅니다. 마치 내가 하나님 앞에 서 있고 천군 천사에게 둘러 싸여 있는 기분이었습니다.

그런데 나는 하나님의 말씀을 잘 몰라서 하나님이 어떤 분이신지, 예수님의 은혜가 무엇인지, 어떤 삶을 살아야 하는지 알지 못했습니다. 단순히 심판하시는 하나님, 믿지 않는 자를 지옥에 보내시는 무서운 하나님만 기억하고 있었습니다.

중 2때부터는 죄의 소욕을 깨닫게 되었는데 나는 그런 나의 모습에 당황하게 되었습니다. 나는 원치 않는데 왜 죄의 소욕이 내게 있는지, 죄를 짓지 말아야 하는데 왜 죄를 짓게 되는지, 죄를 미워해야 하는데 왜 죄를 사랑하게 되는지, 예수님을 믿는데 왜 죄에 시달려야 하는지, 하나님을 믿고 있는데 하나님은 왜 도와주시지 않는지, 생명과만 만드시지 왜 선악과를 만드셨는지 등 모든 것이 의문투성이였습니다.

무엇보다 죄의 소욕을 어떻게 처리해야 하는 지, 끊임없는 신앙과 사람에 관한 의문들을 어떻게 해결해야 하는지 정리가 되지 않았습니다. 누군가에게 물어볼 수도 없고 성경이 없었기에 성경을 읽어볼 수도 없었습니다.

부모님께 물어볼 수도 없었습니다. 왜냐하면 부모님은 내가 농사일을 거들고 공부해야 하는데 교회 다닌다고 심하게 야단을 치며 교회에 못 가게 했기 때문입니다. 그리고 그런 것을 남에게 물어본다는 것이 자의식이 들고 부끄러웠습니다.

나의 가치관과 인간관, 결혼관과 세계관은 비뚤어지기 시작했습니다. 결혼은 죄의 소욕을 만족시키려고 하는 것 같았습니다. 그래서 결혼 생활과 부부 관계를 죄로 보았습니다. 그것은 곧 나 스스로 정한 율법이었습니다. 내가 생각하기에 사람은 죄의 열매이기 때문에 결혼을 해서는 안 될 것 같고 남녀가 가까이 만나서 사귀어도 안 된다고 여겨졌습니다. 남녀가 대화하고 가까이 만나면 죄를 짓는 것 같았습니다. 남녀가 가까이 있는 벽보 그림이나 영화 포스터 등을 보는 것도 죄가 되는 것 같았습니다.

이러한 "자기 율법"은 날이 갈수록 더욱 심해져서 스님을 보고 옷깃을 스치거나 스님의 독특한 냄새를 맡으면 우상 숭배에 동참하는 것으로까지 인식되었기 때문에 심한 죄의식과 심판의 두려움에 시달려야 했습니다. 자기 율법은 점점 심화되어 먼지를 마시거나 향냄새를 맡거나 우상에 드려지는 음식을 보거나 냄새 맡거나 먹어도 죄가 된다는 강박관념에 시달리게 되었습니다. 배고프면 먹어야 하는데 식욕도 욕심이므로 죄였고 먹고 마시고 숨 쉬는 모든 것에서 죄의식을 느껴야 했습니다.

말도 곧이곧대로 해야 신앙적으로 올바르다고 보았기 때문에 받침이나 단어 선택, 어휘 등이 조금만 틀려도 거짓말이라고 생각되었습니다. 예를 들어 "나는 버스를 탔다가 내려서 학교에 갔는데, 약간 늦게 도착했다"는 말을 "나는 버스를 타고 학교에 갔는데, 조금 늦게 도착했다"는 말로 표현했다면 거짓말이 되는 것입니다. 나의 말이 앞뒤가 문자적으로 같아야 하는데 같지 않았기 때문입니다. 문제는 이것이 하나님 앞에서 신앙적인 죄, 심판받을 심각한 거짓말이라고 인식했다는 것에 있습니다.

고등학교 때 부터는 결벽증도 생겨 손과 발과 옷을 물에 씻고 입을 헹구고 얼굴을 항상 씻는 자가 되었습니다. 추운 겨울에는 얼어 있는 수도를 녹여서 20분이나 30분씩 밖에서 씻었습니다.

그리고 나는 잠에서 깨어난 이후부터 하루 동안 지나온 모든 길과 나의 말과 생각들을 기억하면서 죄라고 생각되는 것들을 연습장에 적기 시작했습니다. 잊어버리면 안 되기 때문에 빨리 적어야 했습니다. 가족과 친구들이나 남들이 보면 안 되었기 때문에 많이 긴장했습니다. 연습장을 보고 학교 책상에 엎드려 회개하고 저녁에 교회에 들러 회개하고 자취방에 와서는 그 연습장을 연탄불에 태웠습니다. 남들에게 들키지 않고자 조용히 한 장 두 장 연습장을 찢어 가며 불에 태웠습니다.

꿈과 비전을 생각하면 그것은 자기 욕심이라는 율법이 되었습니다. 주일날 부모님의 일을 잠깐 돕거나 책을 한 장이라도 읽으면 안식일을 범한 죄가 되었습니다. 미래에 대해 꿈을 품고 희망찬 준비를 해야 하는 소중한 학창시절과 젊음을 자기 율법과 죄의식에 매여 절망 가운데 살고 있었습니다. 생명이 붙어 있기 때문에 마지못해 살았고 죽지 못해 사는 시간들이었습니다.

눈을 뜨고 있는 모든 시간이 죄의 소욕과 자기 율법, 죄의식을 의식해야만 하는 삶이었습니다. 저주받았다는 말이 무엇인지 뼛속 깊이 실감나는 시간들이었습니다. 나는 고민스럽고 저주스런 인생을 부여잡고 슬피 울며 한없이 통곡할 수밖에 없었습니다.

하나님을 믿는데도 내 삶이 변화되지 않는다고 생각했으므로 해결책이 없다고 보았습니다. "오호라, 나는 곤고한 사람이로다. 이 사망의 몸에서 누가 나를 건져내랴"(롬 7:24)는 바울의 고백이 내 고백이 되었습니다. 아무리 찾아도 출구가 없었습니다.

성경 공부를 통해 복음을 깨닫게 되다

하나님은 그런 절대 절망과 자기 율법과 죄의식의 저주 가운데 빠져 있는 나를 찾아오셨습니다. 대학생성경읽기선교회에 소속된 복음적인 한 선배를 예비해 놓으셨던 것입니다.

나는 그 선배를 만나 일대일로 성경을 공부하기 시작했습니다. 선배는 창세기부터 시작해 요한복음을 비롯한 4복음서, 출애굽기, 사도행전, 로마서, 서신서 등을 한 장 한 장 자세하게 가르쳐 주었습니다. 나는 큰 깨달음을 얻었습니다.

하나님의 말씀은 갈급한 나의 심령에 단비와 같이, 생명수와 같이 쏟아졌습니다. 하나님의 말씀은 피폐해진 나의 심령을 채우기 시작했습니다. 하나님의 말씀은 절망에 빠진 내 마음에 소망의 싹이 나오게 했습니다. 하나님의 말씀은 갈급한 내 영혼의 양식이 되었고 목마르지 않는 샘물이 되었습니다. 하나님의 말씀은 나에게 올바른 가치관과 인간관, 올바른 세계관과 인생관을 세우기 시작했고 잘못된 지식들을 하나하나 정리해 주었습니다.

하나님의 축복 가운데 믿음의 가정, 선교 가정을 이루는 믿음의 선배와 동료들, 그리고 후배들을 보면서 결혼의 의미와 성서적인 결혼관이 무엇인지도 배우게 되었습니다.

좋은 신앙 서적들은 하나님의 말씀을 더 깊고 폭넓게 이해하도록 도움을 주었습니다. 하나님의 말씀은 율법의 역할과 한계, 하나님의 사랑과 은혜, 예수님의 십자가 능력, 성령님의 역사, 하나님께서 나를 위해 예비하신 모든 것을 발견하도록 도와주었습니다. 내 인생이 극적으로 바뀌고 있었습니다.

무엇보다 예수님께서 십자가에서 지신 무거운 짐은 내가 해결하기 위해 붙들고 있었던 나의 옛사람(나의 자아, 육신 또는 죄성)이었음을 발견하게 되었습니다. 그토록 나를 짓누르고 무겁게 하던 짐이 바로 나의 옛사람 곧 나 자신이었던 것입니다.

하나님께서는 나의 옛사람을 용서하신 것이 아니었습니다.

왜냐하면 나의 옛사람 곧 죄성은 하나님의 법에 굴복하지 않을 뿐 아니라 할 수도 없고 본질적으로 하나님을 대적하는 원수이기 때문입니다. 육신은 율법 행위를 내세웁니다. "육신의 생각은 하나님과 원수가 되나니 이는 하나님의 법에 굴복하지 아니할 뿐 아니라 할 수도 없음이라"(롬 8:7)고 했습니다.

하나님께서는 나의 옛사람을 십자가에 못 박아 버렸습니다.

나의 율법 행위로 의로워지겠다는 죄성은 예수님의 십자가에서 완전히 굴복되었습니다. 예수님의 십자가는 믿음으로 말미암은 나에게 죄 사함의 은혜와 복음 안에서의 참된 자유가 무엇인지 깨닫게 해주었습니다. 지금 내 마음은 한없이 행복합니다.

예수님의 십자가는 나의 의, 내가 쌓아올린 의를 내려놓게 했습니다. 나의 의가 아니라 하나님의 의가 무엇이고 왜 하나님의 의를 영접해야 하는지 깨닫게 해주었습니다. 예수님의 십자가는 하나님을 떠난 죄인으로서 마음 둘 곳을 찾지 못했던 내게 영원한 안식과 평안을 찾도록 도와주었습니다.

율법적인 노력을 내려놓고 십자가를 붙들어라

당신은 어디에서 마음의 평안을 찾습니까?

자기 율법과 자기 노력입니까? 예수님의 십자가입니까?

자기 율법과 노력에는 평안이 없습니다. 오히려 저주와 불안과 죄의식이 있을 뿐입니다. 자기 율법과 노력은 자기 의를 세워 줄 뿐 하나님의 의를 세워 주지는 못합니다.

예수님의 십자가는 인간의 의를 무너뜨리지만 하나님의 의를 세워 주고 진정한 자유와 행복, 영원한 의로움과 거룩함, 성령 충만, 건강과 회복, 하나님의 축복과 부요, 하나님의 지혜와 평화, 영원한 생명과 천국의 영광을 가져다줍니다.

사도 바울은 율법 아래 있고자 하는 갈라디아 성도들을 향해서 십자가 메시지를 전했습니다. 십자가 메시지만이 그들에게 참 자유와 생명을 줄 수 있기 때문입니다.

"어리석도다. 갈라디아 사람들아, 예수 그리스도께서 십자가에 못 박히신 것이 너희 눈앞에 밝히 보이거늘 누가 너희를 꾀더냐."(갈 3:1)

예수님이 다 이루신 것을 믿기만 하면 된다

당신은 진정 죄로부터 자유합니까?

율법의 저주로부터도 자유합니까? 나는 자유합니다.

어떻게 그것이 가능했을까요? 예수님의 십자가를 믿음으로 입니다. 그 안에 참된 자유와 행복과 만족이 있습니다. 당신도 예수님이 십자가에서 다 이루신 것을 믿으십시오. 그러면 나처럼 완전한 자유와 행복과 만족을 얻게 됩니다.

내가 그리스도와 함께 십자가에 못 박혔나니

사람이 죽으면 죄를 지을 수 없고 죽은 사람에게는 법을 적용하여 죄를 물을 수도 없습니다. 이와 같이 하나님께서는 사람이 죽지 않고도 죄에 대해 죽는 방법으로 예수님의 십자가를 예비하신 것입니다. 예수님의 십자가를 바라보고 그분이 피를 흘리며 다 이루신 것을 믿을 때, 그 순간 그리스도 안에서 당신의 옛사람은 십자가에 못 박혀 죽습니다. 새로운 피조물이 됩니다.

죄 때문에 개인의 인격이 파괴되고 가정이 무너지며 사회가 병들고 국가가 망하는 것입니다. 갈등과 다툼이 있는 곳을 보십시오. 죄가 있고 자기 고집이 있고 자기 율법과 탐욕이 있습니다. 그러나 누구든지 믿음으로 말미암아 예수님과 함께 십자가에 못 박혀 옛 사람이 죽으면 자기 죄와 고집, 자기 율법과 탐욕에서 벗어날 수 있는 것입니다. 당신이 예수님을 구주로 믿고 있다면 당신의 옛 사람은 이미 그리스도와 함께 십자가에 못 박혔습니다. 이 사실을 믿고 인정하십시오. 그러면 자유를 얻습니다.

"내가 그리스도와 함께 십자가에 못 박혔나니 그런즉 이제는 내가 사는 것이 아니요 오직 내 안에 그리스도께서 사시는 것이라. 이제 내가 육체 가운데 사는 것은 나를 사랑하사 나를 위하여 자기 자신을 버리신 하나님의 아들을 믿는 믿음 안에서 사는 것이라."(갈 2:20)

하나님의 아들을 믿는 믿음 안에서 사는 것이라

당신은 당신의 옛 사람이 예수님과 함께 십자가에 못 박혔다는 사실을 믿고 있나요? 예수님과 함께 죽고 부활의 영광과 능력에 참예하는 것은 오직 믿음으로 가능합니다. 만일 당신이 예수님과 함께 십자가에 못 박혀 죽었다는 사실을 인정하거나 믿지 않는다면 그리스도의 죽음에 연합된 삶을 살 수 없습니다. 그런 당신은 여전히 죄성의 지배를 받고 죄 아래 살 수밖에 없습니다.

나는 예수님과 함께 십자가에 못 박혔고 예수님과 함께 죽었습니다. 예수님이 무덤에 들어가실 때 예수님과 함께 무덤에 들어갔고 예수님이 부활하실 때 예수님과 함께 부활했습니다.

"무릇 그리스도 예수와 합하여 세례를 받은 우리는 그의 죽으심과 합하여 세례를 받은 줄을 알지 못하느냐? 그러므로 우리가 그의 죽으심과 합하여 세례를 받음으로 그와 함께 장사되었나니 이는 아버지의 영광으로 말미암아 그리스도를 죽은 자 가운데서 살리심과 같이 우리로 또한 새 생명 가운데서 행하게 하려 함이라. 만일 우리가 그의 죽으심과 같은 모양으로 연합한 자가 되었으면 또한 그의 부활과 같은 모양으로 연합한 자도 되리라. 우리가 알거니와 우리의 옛 사람이 예수와 함께 십자가에 못 박힌 것은 죄의 몸이 죽어 다시는 우리가 죄에게 종 노릇 하지 아니하려 함이니 이는 죽은 자가 죄에서 벗어나 의롭다 하심을 얻었음이라. 만일 우리가 그리스도와 함께 죽었으면 또한 그와 함께 살 줄을 믿노니 이는 그리스도께서 죽은 자 가운데서 살아나셨으매 다시 죽지 아니하시고 사망이 다시 그를 주장하지 못할 줄을 앎이로라. 그가 죽으심은 죄에 대하여 단번에 죽으심이요 그가 살아 계심은 하나님께 대하여 살아 계심이니 이와 같이 너희도 너희 자신을 죄에 대하여는 죽은 자요 그리스도 예수 안에서 하나님께 대하여는 살아 있는 자로 여길지어다."(롬 6:3~11)

그리스도 예수 안에서 함께 하늘에 앉히시니

당신의 영적인 위치는 어디일까요?

그리스도와 함께 하늘에 앉히운 바 된 것입니다.

나는 예수님이 부활하실 때 함께 부활했고 예수님이 승천하여 하나님 보좌 우편에 앉으실 때 함께 승천하여 하늘에 앉히운 바되었습니다. 이것이 나의 영적인 위치입니다.

"허물로 죽은 우리를 그리스도와 함께 살리셨고 너희는 은혜로 구원을 받은 것이라. 또 함께 일으키사 그리스도 예수 안에서 함께 하늘에 앉히시니……."(엡 2:5~6)

나는 날마다 죽노라

당신은 그리스도와 함께 죽기를 원하십니까?

나는 날마다 그리스도와 함께 죽기를 원합니다. "나는 날마다 죽노라"고 고백한 바울의 고백이 나의 고백이 되기를 원합니다. 날마다 그리스도와 함께 죽어야 부활의 권능을 덧입을 수 있기 때문입니다. 어떻게 그것이 가능할까요? 오직 믿음입니다.

"그리스도 안에서 나의 옛 사람은 죽었다"는 사실을 믿고 인정하면 됩니다. 그리고 내 안에 실제로 살아 계신 예수 그리스도를 믿는 믿음으로 살면 됩니다. "만일 우리가 그리스도와 함께 죽었으면 또한 그와 함께 살 줄을 믿노니……."(롬 6:8)라는 말씀대로 나는 그리스도와 함께 죽었고 그리스도와 함께 살았고 또 그리스도와 함께 살고 있습니다. 나는 그리스도를 많이 사랑합니다.

예수의 생명이 우리 몸에 나타나는 비결

예수의 생명이 우리 몸에 나타나게 하려면 어떻게 해야 할까요? "우리가 항상 예수의 죽음을 몸에 짊어짐은 예수의 생명이 또한 우리 몸에 나타나게 하려 함이라(고후 4:10)고 했습니다.

그렇습니다. 예수님의 죽음을 몸에 짊어지면 됩니다. 어떻게 짊어집니까? 통나무 십자가를 짊어지고 길을 걷는 것이 아닙니다. 금식하고 고행하며 몸을 학대하는 것도 아닙니다. 오직 믿음입니다. 예수님이 내 대신 죽으셨고 내가 그분을 믿음으로 그분 안에서 나의 옛 사람이 죽었다는 사실을 믿고 인정하면 됩니다. 이것이 곧 예수의 죽음을 몸에 짊어지는 것입니다. 이처럼 신앙 생활은 믿음으로 시작해서 믿음으로 끝나는 것입니다.

"내가 복음을 부끄러워하지 아니하노니 이 복음은 모든 믿는 자에게 구원을 주시는 하나님의 능력이 됨이라 먼저는 유대인에 게요 그리고 헬라인에게로다. 복음에는 하나님의 의가 나타나서 믿음으로 믿음에 이르게 하나니 기록된 바 오직 의인은 믿음으로 말미암아 살리라 함과 같으니라."(롬 1:16~17)

믿음으로 된다는 것을 인정해야 한다

이는 힘으로도 능으로도 다른 어떤 방법으로도 안 됩니다.

오직 하나님이 세우신 '믿음의 법을 인정할 때만' 가능합니다. 믿음의 법을 인정할 때 그리스도와 함께 죽고 그리스도와 함께 살게 됩니다. 율법의 행위로 되지 않고 오직 믿음으로 됩니다.

"그런즉 자랑할 데가 어디냐 있을 수가 없느니라. 무슨 법으로 냐 행위로냐 아니라, 오직 믿음의 법으로니라. 그러므로 사람이

의롭다 하심을 얻는 것은 율법의 행위에 있지 않고 믿음으로 되는 줄 우리가 인정하노라."(롬 3:27~28)

예수님과 함께 죽었음을 인정하십시오. 그러면 예수님과 함께 부활하여 매일 매일 예수님과 함께 살게 될 것입니다.

예수님과 함께 죽었음을 인정하십시오. 그러면 그토록 강하던 자아가 깨어지고 온유하고 겸손한 사람이 될 것입니다.

예수님과 함께 죽었음을 인정하십시오. 그러면 당신이 세상과 죄에 대해 죽고 세상과 죄도 당신에 대해 죽을 것입니다.

당신이 못 박힌 예수님의 십자가를 사랑하십시오. 자녀가 어머니의 품에서 안식하고 평화를 누리듯 당신도 하나님의 안식과 세상이 주지 못하는 큰 평화를 누리게 될 것입니다.

당신이 못 박힌 예수님의 십자가를 사랑하십시오. 당신을 사랑하신 하나님의 사랑을 덧입게 될 것입니다.

당신이 못 박힌 예수님의 십자가를 바라보십시오. 당신의 죄성과 옛사람의 삶이 죽고 새사람의 삶을 살게 될 것입니다.

당신이 못 박힌 예수님의 십자가를 바라보십시오. 성령님과 교제가 저절로 되고 그분의 임재가 강물처럼 넘칠 것입니다.

당신이 못 박힌 예수님의 십자가를 자랑하십시오. 당신의 고집이 꺾이고 예수님처럼 순종하는 종으로 살게 될 것입니다.

당신이 못 박힌 예수님의 십자가를 자랑하십시오. 세상 자랑과 세상에 있는 모든 것이 헛된 것임을 알게 될 것입니다.

당신이 못 박힌 예수님의 십자가를 의지하십시오. 저주가 사라지고 하나님의 축복이 당신에게 나타날 것입니다.

당신이 못 박힌 예수님의 십자가를 의지하십시오. 예수님의 십자가의 능력이 당신을 붙들어 줄 것입니다.

당신이 못 박힌 예수님의 십자가를 끌어안으십시오. 예수님이 당신을 꼭 끌어안으실 것입니다.

당신이 못 박힌 예수님의 십자가를 끌어안으십시오. 세상을 끌어안으신 예수님처럼 세상과 이웃을 끌어안게 될 것입니다.

당신이 못 박힌 예수님의 십자가를 붙잡으십시오. 당신도 예수님께 붙잡힌 인생이 될 것입니다.

당신이 못 박힌 예수님의 십자가에 붙잡힌바 되십시오. 예수님의 십자가 사랑이 당신을 영원토록 붙잡아줄 것입니다.

내 안에 살아 계신 예수님이 가장 큰 복이다

당신은 어떤 복을 추구하고 계십니까?

존재의 복입니까? 소유의 복입니까? 나는 존재의 복과 소유의 복 두 가지를 모두 추구하고 있습니다. 그 중에 가장 소중히 여기고 먼저 구하는 것은 바로 존재의 복입니다.

나의 복은 예수님입니다. 예수님은 나의 최고의 복입니다.

당신은 어떻습니까? 구원자 예수님이 있는 자는 복이 있는 자이지만 예수님이 없는 자는 복이 없는 자입니다. 예수님을 얻으면 다 얻는 것이지만 예수님을 잃으면 다 잃는 것입니다. 예수님 자신이 온 우주에서 가장 큰 복입니다. 예수님을 얻으십시오.

시편 1편 1~3절은 복 대신 예수님을 넣어 적용해도 됩니다.

"복(예수님) 있는 사람은 악인들의 꾀를 따르지 아니하며 죄인들의 길에 서지 아니하며 오만한 자들의 자리에 앉지 아니하고 오직 여호와의 율법을 즐거워하여 그의 율법을 주야로 묵상하는도다. 그는 시냇가에 심은 나무가 철을 따라 열매를 맺으며 그 잎사귀가 마르지 아니함 같으니 그가 하는 모든 일이 다 형통하리로다."(시 1:1~3)

예수님께서 말씀하신 산상수훈의 복도 예수님의 이름을 넣어 이렇게 적용할 수 있습니다.

"심령이 가난한 자는 복(예수님)이 있나니 천국이 그들의 것임이요 애통하는 자는 복(예수님)이 있나니 그들이 위로를 받을 것임이요 온유한 자는 복(예수님)이 있나니 그들이 땅을 기업으로 받을 것임이요 의에 주리고 목마른 자는 복(예수님)이 있나니 그들이 배부를 것임이요 긍휼히 여기는 자는 복(예수님)이 있나니 그들이 긍휼히 여김을 받을 것임이요 마음이 청결한 자는 복(예수님)이 있나니 그들이 하나님을 볼 것임이요 화평하게 하는 자는 복(예수님)이 있나니 그들이 하나님의 아들이라 일컬음을 받을 것임이요 의를 위하여 박해를 받은 자는 복(예수님)이 있나니 천국이 그들의 것임이라. 나로 말미암아 너희를 욕하고 박해하고 거짓으로 너희를 거슬러 모든 악한 말을 할 때에는 너희에게 복(예수님)이 있나니 기뻐하고 즐거워하라. 하늘에서 너희의 상이 큼이라. 너희 전에 있던 선지자들도 이같이 박해하였느니라."(마 5:3~12)

살아 계신 예수님과 좀 더 가깝게 지내라

예수님과의 거리를 용납하지 마십시오.

죄를 멀리하고 마귀를 대적하되 예수님과는 거리를 두지 마십시오. 예수님을 떠난 우리의 존재는 의미가 없고 예수님을 떠난 삶은 가치가 없습니다. 예수님과 우리는 나무와 가지, 목자와 양처럼 연합된 관계이기 때문입니다.

"나는 포도나무요 너희는 가지라. 그가 내 안에 내가 그 안에 거하면 사람이 열매를 많이 맺나니 나를 떠나서는 너희가 아무것도 할 수 없음이라."(요 15:5~6)

예수님께 붙어 있는 비결은 무엇일까요? 오직 믿음입니다.

"내 안에 예수님이 실제로 살아 계신다"는 믿음으로 살면 예수님과 붙어 있는 삶을 살게 되며, 그렇지 않고 온갖 종교 행위와 고행과 도를 닦는 율법 행위로 예수님을 바깥에서 찾으려고 하면 그분에게서 떨어진 것과 같은 삶을 살게 됩니다. 갈라디아서 5장 4절에 "율법 안에서 의롭다 함을 얻으려 하는 너희는 그리스도에게서 끊어지고 은혜에서 떨어진 자로다"라고 분명히 말했습니다.

당신 안에 살아 계신 예수 그리스도를 믿는 믿음으로 그분과 동행하는 삶을 사십시오. 이것이 최고로 가치 있는 인생입니다.

흔들리지 않는 인생의 목표를 가지라

당신은 인생의 목표가 무엇입니까?

흔들리지 않는 인생 푯대를 가지고 있습니까? 나는 흔들리지 않는 인생 푯대를 가지고 있습니다. 그것은 그리스도와 그 부활의 권능과 그 고난에 참여함을 알고자 하여 그의 죽으심을 본받아 어떻게 해서든지 죽은 자 가운데서 부활에 이르려 하는 것입니다. 이것은 곧 사도 바울의 인생 푯대였습니다.

내가 이것을 푯대 삼은 것은 사도 바울을 닮고자 해서가 아닙니다. 이 푯대는 하나님이 기뻐하시고 성경적이며 그 무엇과도 바꿀 수 없는 가장 가치 있고 위대한 목표이기 때문입니다.

"내가 이미 얻었다 함도 아니요 온전히 이루었다 함도 아니라. 오직 내가 그리스도 예수께 잡힌 바 된 그것을 잡으려고 달려가노라. 형제들아, 나는 아직 내가 잡은 줄로 여기지 아니하고 오직 한 일 즉 뒤에 있는 것은 잊어버리고 앞에 있는 것을 잡으려고 푯대를 향하여 그리스도 예수 안에서 하나님이 위에서 부르신 부름의 상을 위하여 달려가노라."(빌 3:12~14)

세상에서 가장 고상한 지식을 추구하라

당신은 어떤 지식을 추구하고 있습니까?

나는 그리스도를 아는 지식을 추구합니다. 그리스도를 아는 지식이 세상에서 가장 고상하기 때문입니다.

"그러나 무엇이든지 내게 유익하던 것을 내가 그리스도를 위하여 다 해로 여길뿐더러 또한 모든 것을 해로 여김은 내 주 그리스도 예수를 아는 지식이 가장 고상하기 때문이라. 내가 그를 위하여 모든 것을 잃어버리고 배설물로 여김은 그리스도를 얻고 그 안에서 발견되려 함이니 내가 가진 의는 율법에서 난 것이 아니요 오직 그리스도를 믿음으로 말미암은 것이니 곧 믿음으로 하나님께로부터 난 의라."(빌 3:7~9)

그리스도를 아는 지식은 구원과 생명의 지식입니다.

그리스도를 아는 지식이야 말로 죄와 죽음의 한계에 갇힌 사람에게 구원과 생명을 줄 수 있습니다.

"영생은 곧 유일하신 참 하나님과 그가 보내신 자 예수 그리스도를 아는 것이니이다."(요 17:3)

사람과의 적절한 관계성을 말할 때 화로(火爐)의 관계성을 말하기도 합니다. 화로에 가까이 가면 델 수 있고 멀어지면 차가워질 수 있기 때문에 적당한 거리를 두라는 의미입니다. 적절한 비유가 아닌가 생각합니다. 너무 가까우면 신비감이 떨어지고 너무 멀면 관계가 차갑게 식어 먼 이웃이 되기 때문입니다.

그러나 예수 그리스도를 아는 지식은 다릅니다. 예수님은 알면 알수록 더 알고 싶어지고 가까이 가면 갈수록 더욱 가까이 가고 싶은 분입니다. 예수님이 선한 목자이기 때문입니다.

"내가 온 것은 양으로 생명을 얻게 하고 더 풍성히 얻게 하려는 것이라. 나는 선한 목자라. 선한 목자는 양들을 위하여 목숨을 버리거니와⋯."(요 10:10~11)

예수님을 얻게 되면 예수님을 닮게 됩니다. 예수님을 얻게 되면 당신을 구원하신 하나님의 목적이 이루어집니다. 당신을 구원하신 하나님의 목적은 당신이 그분의 아들 예수 그리스도의 생명을 얻고 그분의 형상을 본받는 것입니다.

"하나님이 미리 아신 자들을 또한 그 아들의 형상을 본받게 하기 위하여 미리 정하셨으니 이는 그로 많은 형제 중에서 맏아들이 되게 하려 하심이니라. 또 미리 정하신 그들을 또한 부르시고 부르신 그들을 또한 의롭다 하시고 의롭다 하신 그들을 또한 영화롭게 하셨느니라."(롬 8:28~29)

예수님을 얻게 되면 창조 질서가 회복되고 당신을 지으신 하나님의 창조 목적도 이루어집니다.

"하나님이 자기 형상 곧 하나님의 형상대로 사람을 창조하시되 남자와 여자를 창조하시고 하나님이 그들에게 복을 주시며 하나님이 그들에게 이르시되 '생육하고 번성하여 땅에 충만하라. 땅을 정복하라. 바다의 물고기와 하늘의 새와 땅에 움직이는 모든 생물을 다스리라' 하시니라."(창 1:27~28)

날마다 부활의 권능을 체험하는 방법

당신은 그리스도의 부활의 권능을 알기 원하십니까?

나는 그리스도의 부활의 권능을 체험하여 알고 있습니다.

당신도 그렇게 되기를 원한다면 예수님의 고난과 죽음에 동참해야 합니다. 그러면 예수님의 부활의 권능을 체험하게 됩니다.

날마다 예수님의 죽음을 짊어지면 날마다 당신 안에 예수님의 부활과 생명으로 충만하게 됩니다. 그게 무슨 말일까요? "나의 옛사람은 그리스도 안에서 이미 죽었다"고 믿는 것입니다.

"우리가 항상 예수의 죽음을 몸에 짊어짐은 예수의 생명이 또한 우리 몸에 나타나게 하려 함이라. 우리 살아 있는 자가 항상 예수를 위하여 죽음에 넘겨짐은 예수의 생명이 또한 우리 죽을 육체에 나타나게 하려 함이라."(고후 4:10~11)

날마다 예수님의 죽음을 짊어지는 것, 이것이 부활의 시작입니다. 당신의 옛사람은 죽었습니다. 이제 당신은 그리스도 안에서 새로운 피조물이 되었습니다. 하나님의 자녀가 된 것입니다.

이제 당신 안에 살아 계신 예수 그리스도를 믿는 믿음으로 살면 됩니다. 당신 안에 예수 그리스도가 실제로 살아 계십니다.

나는 날마다 가슴 뛰는 삶을 살고 있다

당신은 처음 은혜와 사랑을 유지하고 있습니까?

초기에 뜨거웠던 구원의 은혜가 식고 다시 뜨거워지지 않는다고요? 그 이유를 아십니까? 나는 압니다. 십자가에서 흐르는 예수님의 뜨거운 보혈에 대한 믿음이 사라졌기 때문입니다. 당신 안에 지금 예수님의 뜨거운 보혈이 흐르고 있다는 믿음을 회복하십시오. 당신의 땀과 피와 눈물이 아닌 예수님의 땀과 피와 눈물에 대한 믿음을 회복할 때 다시 가슴이 뜨거워지게 됩니다.

당신은 교회를 오래 다닌 것 같은 데 내면의 변화가 더딘 이유를 아십니까? 날마다 예수님의 죽음을 짊어지려고 하지 않기 때문입니다. 날마다 예수님의 십자가 죽음에 동참할 때 당신이 얻게 되는 영광스런 부활도 이해될 것입니다.

"죽은 자의 부활도 그와 같으니 썩을 것으로 심고 썩지 아니할 것으로 다시 살아나며 욕된 것으로 심고 영광스러운 것으로 다시 살아나며 약한 것으로 심고 강한 것으로 다시 살아나며 육의 몸으로 심고 신령한 몸으로 다시 살아나나니 육의 몸이 있은즉 또 영의 몸도 있느니라."(고전 15:42~44)

예수님의 십자가 죽음에 동참할 때 부활의 영이신 성령님의 권능을 체험할 수 있습니다.

"예수를 죽은 자 가운데서 살리신 이의 영이 너희 안에 거하시면 그리스도 예수를 죽은 자 가운데서 살리신 이가 너희 안에 거하시는 그의 영으로 말미암아 너희 죽을 몸도 살리시리라. 살리는 것은 성령이니 육은 무익하니라. 내가 너희에게 이른 말은 영이요 생명이라."(요 6:63, 롬 8:11)

크신 성령님을 인정하고 존중하라

그리스도의 부활의 권능을 알기 원하십니까?

크신 성령님을 인정하고 성령님과 함께 하십시오. 크신 성령님을 존중히 모시고 다니십시오. 성령님은 부활의 영이십니다.

당신이 성령님과 함께 할 때 그리스도를 죽은 자 가운데서 살리신 그 부활의 권능을 체험할 수 있습니다. 성령님과 함께 할 때 의와 평화와 희락이 있습니다. 성령님과 함께할 때 자유함이 있습니다. 성령님과 함께 할 때 주님의 영광을 볼 수 있고 성령님과 함께 할 때 그리스도의 형상으로 변화하게 됩니다.

"주는 영이시니 주의 영이 계신 곳에는 자유가 있느니라. 우리가 다 수건을 벗은 얼굴로 거울을 보는 것 같이 주의 영광을 보매 그와 같은 형상으로 변화하여 영광에서 영광에 이르니 곧 주의 영으로 말미암음이니라."(고후 3:17~18)

기도 응답은 하나님의 말씀을 통해 온다

당신은 기도 응답을 어떻게 믿습니까?

혹시 주위 사람의 말이나 느낌을 통해 믿지 않습니까?

나는 하나님의 말씀을 통해 기도 응답을 확신합니다. 사람의 감정이나 말은 쉽게 변하기 때문에 내 믿음을 견고하게 받쳐 줄 수 없습니다. 그러나 하나님의 말씀은 영원히 변하지 않으므로 내 믿음의 견고한 반석이 됩니다.

"내가 또 너희에게 이르노니 구하라 그러면 너희에게 주실 것이요 찾으라 그러면 찾아낼 것이요 문을 두드리라 그러면 너희에게 열릴 것이니 구하는 이마다 받을 것이요 찾는 이는 찾아낼 것이요 두드리는 이에게는 열릴 것이니라."(눅 11:9~10)

"너희가 내 안에 거하고 내 말이 너희 안에 거하면 무엇이든지 원하는 대로 구하라. 그리하면 이루리라."(요 15:7)

"내가 진실로 너희에게 이르노니 누구든지 이 산더러 들리어 바다에 던져지라 하며 그 말하는 것이 이루어질 줄 믿고 마음에 의심하지 아니하면 그대로 되리라."(막 11:23)

"그러므로 내가 너희에게 말하노니 무엇이든지 기도하고 구하

는 것은 받은 줄로 믿으라. 그리하면 너희에게 그대로 되리라." (막 11:24)

이 전쟁에는 너희가 싸울 것이 없다

당신은 말씀의 능력을 경험한 적이 있습니까?

나는 어머니의 치료에 말씀의 능력을 경험한 적이 있습니다.

지난 1월에 시골에 계신 어머니가 1개월이 넘도록 배 전체가 아파 음식을 드시지 못했습니다. 조그만 병원에서 아무리 진찰해 봐도 원인을 알 수 없었습니다. 그래서 광주광역시에 있는 대학 병원으로 가서 초음파와 C.T를 찍어 보기로 했습니다. 어머니는 갑상선을 모두 떼 냈기 때문에 면역력이 약해져 있었습니다.

초음파와 C.T 결과 배의 겉 부분에는 전혀 문제가 없었습니다. 어머니의 배가 아픈 이유가 지난 11월부터 앓아 온 감기 때문에 기침을 많이 했는데 그 기침 때문임을 알게 되었습니다.

그런데 배 전체를 검사하는 도중에 신장 부분에 물혹과 종양이 발견되었습니다. 놀랍게도 의사는 암이라고 하였습니다.

나는 그 소식을 듣고 그동안 자녀들을 위해 고생만 하신 어머니 생각에 눈물이 났습니다. 그동안 잘해 드린 것도 없는데……

그런 생각을 하자 마음이 슬프고 어두워졌습니다.

"네 부모를 공경하라"고 말씀하신 하나님 앞에서 많이 부끄러웠고 회개하는 자가 되었습니다. 주님의 도우심을 간절히 구했습니다. 그런데 주님께서는 뜻밖의 말씀을 주셨습니다.

"이 전쟁에는 너희가 싸울 것이 없나니 대열을 이루고 서서 너희와 함께 한 여호와가 구원하는 것을 보라."(대하 20:17)

익숙하지 못한 말씀이어서 놀라기도 했지만 하나님의 말씀이 다가오자 믿음과 용기가 생겼습니다. 큰 의사이신 하나님께서는 계속해서 내게 새로운 말씀을 주셨습니다. 예수님이 어머니의 병을 다 담당했다는 실로 엄청난 말씀을 주신 것입니다.

"그는 실로 우리의 질고를 지고 우리의 슬픔을 당하였거늘 그가 채찍에 맞으므로 우리는 나음을 받았도다. 우리의 연약한 것을 친히 담당하시고 병을 짊어지셨도다."(사 53:4~5, 마 8:17)

큰 의사이신 하나님이 재 판정을 내리셨습니다.

"그가 채찍에 맞음으로 너희는 나음을 얻었나니."(벧전 2:24)

"나는 너희를 치료하는 여호와임이라."(출 15:25~26)

나는 작은 의사인 병원의 판정보다 큰 의사인 하나님의 판정을 더 믿기로 했습니다. 그 결과가 어떻게 되었을까요?

어머니에게 기적이 일어났습니다. 병이 사라진 것입니다.

하나님의 말씀이 어머니의 암을 흔적도 없이 치료했습니다.

"하나님의 말씀은 살아 있고 활력이 있어 좌우에 날선 어떤 검보다도 예리하여 혼과 영과 및 관절과 골수를 찔러 쪼개기까지 하며 또 마음의 생각과 뜻을 판단하나니……"(히 4:12)

하나님의 말씀을 믿으면 기적이 일어난다

당신도 불치의 병으로 고통당하고 있습니까?

예수님이 질병을 담당했다는 것을 믿고 두려워하지 말아야 합니다. 그리고 치료에 대한 말씀을 찾아내어 암송하고 묵상해야 합니다. 그러면 그 말씀이 당신의 병을 고칠 것입니다.

"그가 그의 말씀을 보내어 그들을 고치시고 위험한 지경에서 건지시는도다"(시 107:20)라고 했습니다. 하나님의 말씀에 병 고치는 능력이 있습니다. 하나님의 말씀을 완전히 믿으면 사람이 상상할 수 없는 엄청난 치료의 기적이 일어납니다.

두려워하지 말고 하나님의 말씀을 완전히 믿으십시오.

"아브람아, 두려워하지 말라. 나는 네 방패요 너의 지극히 큰 상급이니라."(창 15:1)

"회당장에게 이르시되 두려워하지 말고 믿기만 하라. 그리하면 딸이 구원을 얻으리라 하시고……"(막 5:36)

"믿는 자들에게는 이런 표적이 따르리니 병든 사람에게 손을 얹은즉 나으리라."(막 16:18)

"아무 것도 염려하지 말고 다만 모든 일에 기도와 간구로 너희 구할 것을 감사함으로 하나님께 아뢰라."(빌 4:6)

"예수께서 신 포도주를 받으신 후에 이르시되 다 이루었다 하시고……"(요 19:30)

하나님의 말씀이 어머니를 치료했다

나는 이러한 말씀에 근거해 전능하신 하나님이 어머니를 치료했다는 것을 믿기 시작했습니다. 믿음은 바라는 것들의 실상이라고 했기 때문에 어머니가 건강하게 되어 기쁨으로 사시는 모습을 마음으로 믿고 입으로 시인하며 확신 가운데 거했습니다.

그리고 시간과 공간을 초월해 성령 안에서 이미 나았다는 믿음으로 주님께 감사했습니다. 믿음이 약해지고 의심이 들어올 때마다 어머니의 질병을 모두 담당하신 예수님의 십자가를 바라보았습니다. 그리고 주님이 주신 말씀을 암송했습니다.

여동생들에게도 암세포가 모두 사라지고 건강하게 된 모습을 바라보고 기도하게 했습니다. 그리고 여동생들에게 전남 화순 암센터에서 검사를 다시 받아 보자고 했습니다. 대학병원에서 검사한 어머니의 검사 결과를 가지고 재검사를 위해 화순 암센터에 접수하러 갔는데 담당 의사도 암이 확실하다고 하였습니다.

검사 일자는 3월 11일로 예약이 되었고 그때까지 2개월 정도 남아 있었습니다. 그런데 검사를 기다리는 동안 하나님께서는 놀라운 일을 하고 계셨습니다. 암세포가 사라져 버린 것입니다. 3월 11일 암센터에서 C.T 와 MRI를 찍고 다시 검사했는데 담당 의사는 악성 종양이 아니라고 판명했습니다.

하나님께서는 말씀하신 대로 역사하셨습니다. 예수님께서 채찍에 맞으시고 십자가에서 병을 짊어지셨다는 말씀이 어머니를 치료한 것입니다. 우리가 믿음을 가지고 구원이신 하나님께서 어머니를 구원하시는 것을 바라보자 그 말씀대로 치료의 능력이 임한 것입니다. 나는 신실하신 주님께 감사와 찬양을 드렸습니다.

좋은 약과 의술도 하나님이 주신 것이다

그러면 하나님이 모든 병을 치료해 주시니까 아예 병원에 가지 말아야 합니까? 그런 것은 아닙니다. 하나님은 현대 의학을 통해서도 좋은 치료를 주십니다. 좋은 의술은 하나님의 선물입니다. 아프면 병원에 가고 검사도 받아 봐야 합니다. 주기적으로 검사를 받는 것도 자기 몸을 관리하는 한 방법입니다.

의학적인 치료를 감사함으로 받아야 합니다. 치료를 받되 근본적인 치료자는 하나님이시므로 하나님을 신뢰함으로 모든 치료를 받으라는 것입니다. 하나님은 치료하시는 분입니다.

당신의 몸은 누가 만들었나요? 사람이 만들었습니까? 단세포 생물이나 원숭이입니까? 사람의 몸을 직접 설계하시고 만드신 분은 창조주 하나님이십니다. 하나님보다 당신의 몸을 더 잘 알고 계시는 분은 없습니다. 그분을 의지하십시오.

예수님이 당신의 연약함과 질병을 담당하셨다

예수님은 우리의 질병을 지고 채찍에 맞으셨습니다.

예수님은 십자가에서 우리의 연약함을 친히 담당하시고 병을 짊어지셨습니다. 예수님은 연약한 자와 병을 가진 자의 아픔과 슬픔을 누구보다도 깊이 이해하시고 도와주십니다.

몸이 아프십니까? 채찍에 맞으신 예수님을 바라보십시오.

마음이 아프십니까? 십자가에서 살이 찢기고 피를 흘리심으로 당신의 마음에 있는 고통을 담당하신 예수님을 바라보십시오.

상처로 아픔을 겪고 있습니까? 몸과 맘에 깊은 상처를 받으신 예수님을 바라보십시오. 그러면 치료됩니다. 예수님은 우리의 연약함을 깊이 체휼하시고 몸소 겪으신 분이십니다.

"우리에게 있는 대제사장은 우리 연약함을 체휼하지 아니하는 자가 아니요 모든 일에 우리와 한결같이 시험을 받은 자로되 죄는 없으시니라."(히 4:15)

예수님을 가까이 하고 하나님께 도움을 구하십시오.

하나님은 기쁜 마음으로 우리의 치료를 도와주십니다.

"우리 영혼이 여호와를 바람이여, 그는 우리의 도움과 방패시로다. 우리의 도움은 천지를 지으신 여호와의 이름에 있도다." (시 33:20, 124:8)

예수님을 찾으십시오. 예수님께 우리의 살 길이 있습니다.

"너희가 전심으로 나를 찾고 찾으면 나를 만나리라. 여호와께서 이스라엘 족속에게 이와 같이 말씀하시기를 너희는 나를 찾으라. 그리하면 살리라."(렘 29:13, 암 5:4)

사랑하는 성령님, 참으로 좋은 날입니다

당신은 필요할 때만 하나님을 찾지 않습니까?

항상 하나님을 찾으십시오. 나는 항상 하나님을 찾습니다.

나는 항상 주님의 얼굴을 구합니다. 나는 아침에 일어나면 내 앞에 계신 주님의 얼굴을 찾습니다. 그리고 주님께 인사합니다.

"주님, 안녕하세요? 참으로 좋은 날입니다."

"오늘도 좋은 일이 일어납니다. 주님이 계시기 때문입니다."

식사하면서 주님께 말씀드립니다.

"주님, 함께 하시지요. 맛있는 음식을 주셔서 감사합니다."

길을 나서면서 주님께 말씀드립니다.

"함께 가시지요. 주님. 인도해 주세요."

다윗은 항상 주님의 얼굴을 찾았고 주님의 얼굴을 뵈었으며 주님의 형상으로 만족하였습니다.

"나는 의로운 중에 주의 얼굴을 뵈오리니 깰 때에 주의 형상으로 만족하리이다. 너희는 내 얼굴을 찾으라 하실 때에 내가 마음으로 주께 말하되 여호와여 내가 주의 얼굴을 찾으리이다 하였나이다."(시 17:15, 27:8)

다윗은 항상 자기 앞에 계신 주님을 뵈었고 주님을 자기 우편에 모시고 살았습니다.

"다윗이 그를 가리켜 이르되 내가 항상 내 앞에 계신 주를 뵈었음이여, 나로 요동하지 않게 하기 위하여 그가 내 우편에 계시도다."(행 2:25)

어린 아이는 엄마의 얼굴이 안보이면 불안합니다. 그래서 엄마를 부르면서 엄마의 얼굴을 찾습니다. 엄마의 얼굴을 보면 비로소 행복해 하고 안식을 누립니다. 어른도 마찬가지입니다.

모든 사람이 가장 행복할 때는 주님의 얼굴을 뵈올 때입니다. 하나님께서 사람에게 눈과 귀와 코와 입술을 주신 것은 하나님을 보고 하나님의 음성을 듣고 하나님의 기운을 호흡하며 입을 열어 하나님을 불러 하나님과 대화하기를 원하셨기 때문입니다.

아담이 창조되었을 때 하나님 외에는 아무도 없었습니다. 아담은 두 눈으로 하나님을 보았고 두 귀로 하나님의 음성을 들었습니다. 코를 열어 하나님의 기운을 호흡하였고 입을 열어 하나님을 즐거이 부르며 그분과 친밀하게 교제했습니다.

하나님께서 아담에게 손과 발을 주신 것은 하나님과 손잡고 동행하기를 원하셨기 때문입니다. 하나님께서 사람에게 마음을 주신 것은 사람의 마음에 영원토록 함께 기억되고 영원토록 함께 거하기를 원하셨기 때문입니다. 실제로 성령님은 믿는 자의 심령 가운데 오셨고 영원토록 함께 하십니다.

"내가 아버지께 구하겠으니 그가 또 다른 보혜사를 너희에게 주사 영원토록 너희와 함께 있게 하리니 그는 진리의 영이라. 세상은 능히 그를 받지 못하나니 이는 그를 보지도 못하고 알지도 못함이라. 그러나 너희는 그를 아나니 그는 너희와 함께 거하심이요 또 너희 속에 계시겠음이라."(요 14:16~17)

하나님 아버지와 예수님도 성령님을 통해 우리 내면 가운데 함께 하시고 영원히 거하십니다.

"그 날에는 내가 아버지 안에, 너희가 내 안에, 내가 너희 안에 있는 것을 너희가 알리라."(요 14:20)

하나님과 친밀하게 사귀며 연애하라

하나님이 당신을 얼마나 사랑하시는지 아십니까?

하나님은 우주에서 당신 혼자만 사랑하는 것처럼 그렇게 당신을 뜨겁게 사모하고 사랑하십니다. 짝사랑도 그런 짝사랑이 없을 정도로 사모하고 사랑하십니다.

마찬가지로 하나님은 당신도 하나님이 하시는 것처럼 그렇게 하나님을 사모하고 사랑하기를 원하십니다. 당신이 하나님 외에 다른 것을 사모하고 사랑하면 하나님은 시기심에 잠을 못 이루시며 질투하고 분노하십니다.

"너희는 하나님이 우리 속에 거하게 하신 성령이 시기하기까지 사모한다 하신 말씀을 헛된 줄로 생각하느냐?"(약 4:5)

"너는 나를 도장 같이 마음에 품고 도장 같이 팔에 두라. 사랑은 죽음 같이 강하고 질투는 스올 같이 잔인하며 불길 같이 일어나니 그 기세가 여호와의 불과 같으니라."(아 8:6)

하나님을 사랑하십니까? 하나님께 사랑을 고백하십시오.

하나님을 사랑하십니까? 당신을 위해 십자가에 달려 피 흘려 죽으시고 부활하신 예수님을 사랑하십시오. 하나님을 사랑하십니까? 성령님의 얼굴을 보며 친밀한 교제를 나누십시오.

하나님을 사랑하십니까? 하나님께 순종하십시오.

하나님을 사랑하십니까? 하나님의 말씀을 사랑하십시오.

하나님을 사랑하십니까? 그렇다면 하나님의 말씀을 묵상하십시오. 하나님의 말씀을 묵상하되 마음으로 묵상하고 주야로 묵상하십시오. 주야로 하나님의 말씀을 묵상하는 것이 마음으로 하나님을 사랑하는 것입니다.

주야로 하나님의 말씀을 묵상할 때 하나님을 도장같이 마음에 품게 될 것입니다. 주야로 하나님의 말씀을 묵상할 때 하나님을 도장같이 팔에 두게 될 것입니다.

하나님의 말씀을 묵상할 때 하나님의 사랑을 확신할 수 있습니다. 하나님의 사랑만이 우리를 실망시키지 않습니다. 하나님의 사랑만이 우리의 인생을 승리로 인도합니다. 하나님의 사랑만이 영원하며 우리를 영원토록 지켜 줍니다. 하나님은 사랑이십니다.

"누가 우리를 그리스도의 사랑에서 끊으리요. 환난이나 곤고나 박해나 기근이나 적신이나 위험이나 칼이랴. 기록된 바 우리가 종일 주를 위하여 죽임을 당하게 되며 도살당할 양 같이 여김을 받았나이다 함과 같으니라. 그러나 이 모든 일에 우리를 사랑하시는 이로 말미암아 우리가 넉넉히 이기느니라. 내가 확신하노니 사망이나 생명이나 천사들이나 권세자들이나 현재 일이나 장래 일이나 능력이나 높음이나 깊음이나 다른 어떤 피조물이라도 우리를 우리 주 그리스도 예수 안에 있는 하나님의 사랑에서 끊을 수 없으리라."(롬 8:35~39)

나는 하나님께 복 받은 사람입니다

당신은 복 받은 사람입니까?

나는 하나님께 복 받은 사람입니다. 하나님은 처음부터 나를 복 받은 존재로 지으셨습니다. 당신도 마찬가지입니다.

"하나님이 자기 형상 곧 하나님의 형상대로 사람을 창조하시되 남자와 여자를 창조하시고 하나님이 그들에게 복을 주시며 하나님이 그들에게 이르시되 '생육하고 번성하여 땅에 충만하라. 땅을 정복하라. 바다의 물고기와 하늘의 새와 땅에 움직이는 모든 생물을 다스리라' 하시니라. 하나님이 지으신 그 모든 것을 보시니 보시기에 심히 좋았더라."(창 1:27~28, 31)

예수님은 십자가에서 나의 모든 저주를 청산하셨습니다.

"그리스도께서 우리를 위하여 저주를 받은 바 되사 율법의 저주에서 우리를 속량하셨으니 기록된 바 나무에 달린 자마다 저주 아래에 있는 자라 하였음이라."(갈 3:13)

'나는 축복받은 사람'이라는 것은 나의 정체성입니다.

이것은 부모나 사람들이나 외부 환경이 준 것이 아닙니다. 내가 만들어 낸 것도 아닙니다. 나의 정체성은 나를 지으시고 나를 심히 기뻐하신 창조주 하나님께서 나에게 부여해 주신 것입니다.

십자가에서 나의 모든 저주를 담당하신 예수님께서 나에게 주신 것입니다. 이 정체성은 나뿐만 아니라 모든 사람들에게 주신 정체성이기도 합니다.

나의 정체성은 창조주 하나님께서 주셨기 때문에 정확합니다.

예수님이 십자가에서 생명을 내어 주심으로 단번에 영원한 대가를 지불하셨기 때문에 공의롭고 영원합니다. 나의 정체성은 도적이나 악의 세력이 빼앗아 갈 수 없습니다. 나의 감정이나 다른 사람의 평가에 의해 약화되거나 사라지는 것도 아닙니다.

그리스도 안에서 발견된 나의 정체성

당신은 올바른 정체성을 가지고 있습니까?

만일 당신이 그릇된 정체성을 가지고 있다면 당신의 정체성을 근본적으로 점검해 보아야 합니다. 왜냐하면 올바른 정체성은 올바른 습관과 올바른 믿음을 갖게 하고 좋은 결과를 낳지만 그릇된 정체성은 좋지 않은 습관과 잘못된 믿음을 형성하고 나쁜 운명을 가져다주기 때문입니다.

나의 정체성은 올바른 정체성입니다. 왜냐하면 하나님의 말씀에 기초하고 있기 때문입니다. 물론 올바른 정체성을 가지고 있다고 해서 시련과 역경이 없는 것은 아닙니다. 나의 정체성과 믿음을 빼앗으려 하거나 약화시키려 하는 세력이 있습니다. 그때마다 하나님의 말씀은 나를 지켜 주고 진리에 기초한 정체성 위에 더욱 깊은 뿌리를 내리도록 도와줍니다.

하나님의 말씀은 나로 하여금 하나님의 축복을 누리며 살 수 있도록 용기와 위로를 주고 힘을 줍니다. 또한 내가 받은 축복을 이웃과 나누는 삶을 살도록 인도해 줍니다.

올바른 정체성을 갖는 것은 매우 중요합니다. 왜냐하면 사람은 자신이 확신하고 있는 정체성을 벗어나거나 뛰어넘는 삶을 살 수 없기 때문입니다.

도둑의 정체성을 가지면 도둑으로서의 생각과 말을 하고 도둑으로서의 습관과 열매를 맺습니다. 축복받은 자의 정체성을 가지면 축복받은 자의 말과 행동을 하고 축복받은 자로서의 습관과 열매를 남깁니다.

동물의 세계에서도 마찬가지입니다. 독수리는 독수리로서의 정체성이 분명하기 때문에 독수리의 삶을 살아갑니다. 독수리는 새 중에서 유일하게 이글거리는 태양을 응시하며 날아오를 수 있고 폭풍 속을 뚫고 날아올라 폭풍 위에서 유유자적하게 활보할 수 있는 새입니다. 독수리는 새끼들도 독수리의 정체성을 가지고 살도록 반복적으로 가르치고 훈련시킵니다.

마찬가지로 호랑이는 호랑이로서의 정체성이 분명하기 때문에 그 정체성을 가지고 판단하고 행동하며 포효하는 삶을 삽니다.

당신의 정체성이 올바르지 않거나 거짓 위에 놓여 있다면 당신의 인생은 흔들릴 것이고 방황하게 될 것입니다. 인생의 시련과 광풍 앞에서 무너져 내릴 것입니다. 하지만 당신이 올바른 정체성을 가지고 있다면 하나님의 축복을 누릴 뿐만 아니라 하나님의 축복을 나누어 주는 인생이 될 것입니다.

당신의 그늘에서 많은 사람들이 쉼과 희망을 얻고 생명과 영광의 빛을 발견하게 될 것입니다. 올바른 정체성을 가지십시오. 진리에 기초한 정체성을 확립하십시오. 또한 당신의 자녀에게도 올바른 정체성을 가르치십시오.

자녀에게 올바른 정체성을 가르치라

당신은 자녀에게 올바른 정체성을 가르칩니까?

나는 하나님의 말씀으로 자녀들에게 올바른 정체성을 가르치고 있습니다. 이것은 하나님의 크신 은혜입니다.

내 아들이 중 2학년 때 한 사건이 있었습니다. 아들 또래의 학생이 자기 친구와 동네 형을 꾀어 마트에서 과자를 훔치려다가 주인에게 발각된 사건이었습니다. 주인은 학생들을 붙잡았고 부모들에게 이 사실을 알렸습니다. 학생들은 부모들 앞에서 다시는 그러지 않겠다는 다짐과 함께 따끔한 훈계를 받고 돌아갔습니다.

나는 소식을 듣고서 이 사건을 가만히 생각해 보았습니다. 동네에서 일어난 사건이어서 그냥 넘어갈 수는 없었습니다. 주님께서 그때 주신 말씀이 시편 1편이었습니다.

"복 있는 사람은 악인들의 꾀를 따르지 아니하며 죄인들의 길에 서지 아니하며 오만한 자들의 자리에 앉지 아니하고 오직 여호와의 율법을 즐거워하여 그의 율법을 주야로 묵상하는도다. 그는 시냇가에 심은 나무가 철을 따라 열매를 맺으며 그 잎사귀가 마르지 아니함 같으니 그가 하는 모든 일이 다 형통하리로다. 악인들은 그렇지 아니함이여, 오직 바람에 나는 겨와 같도다. 그러므로 악인들은 심판을 견디지 못하며 죄인들이 의인들의 모임에 들지 못하리로다. 무릇 의인들의 길은 여호와께서 인정하시나 악인들의 길은 망하리로다."(시 1:1~6)

하나님은 내게 시편 1편을 자녀에게 가르치길 원하셨습니다.

또한 주님은 내가 자녀에게 올바른 정체성과 분별력을 심어 주기를 원하셨습니다. 그것은 내가 해야 할 일이었습니다.

나는 자녀들에게 마트에서 훔치려던 학생의 계획은 악인의 꾀이며 그가 마트에 훔치러 간 길은 범죄하러 간 죄인의 길임을 말해 주었습니다. 그런 행동을 하게 된 것은 하나님의 말씀과 부모님의 말씀과 나라의 법을 무시한 오만한 자들의 자리에 앉아 있었기 때문이며 그 길은 망하고 심판을 받게 된다고 말했습니다.

나는 자녀들의 이름을 부르며 한 명 한 명에게 그들의 정체성이 무엇인지 분명하게 말해 주었습니다.

"너는 복 있는 사람이야!"

"너는 축복받은 사람이야!"

"너는 너무나 소중한 존재야!"

"너로 말미암아 세상 만민이 복을 받게 돼!"

"하나님이 너를 얼마나 사랑하셨는지 아니? 우리의 죄를 위해 독생자 예수님을 십자가에 내어 주셔서 죽음의 고난을 담당하게 하신 분이란다."

"너는 의인이란다!"

그리고 복 있는 사람으로서 오직 여호와의 율법을 즐거워하여 그의 율법을 주야로 묵상하는 삶을 살아야 됨을 말했습니다.

자기 친구와 형을 꾀어 마트에 갔던 학생의 어머니는 제가 잘 알고 지내던 분이었습니다. 그 학생의 어머니는 나에게 와서 사건의 전말을 다 말했고 자기 아들이 이 일을 계획하여 벌어진 것이라고 하였습니다. 어머니로서 아들에 대한 분노와 아픔, 안타까움과 애절한 사랑이 간절히 느껴졌습니다.

나는 그 학생을 위해서 무엇을 할 수 있을까 생각해 보았습니다. 이사를 가지 않는 한 나의 얼굴을 계속 보게 될 것이고 희망찬 미래를 꿈꾸고 준비하는 삶을 살아야 하는 학생인 데 내가 어떻게 해야 하나 생각하였습니다. 나의 자녀도 아닌 데 그냥 가만히 놔두는 것이 나은 것이 아닌가, 괜히 말했다가 관계성만 나빠질 수 있지는 않을까 이런 저런 생각이 들어왔습니다.

"주님, 어떻게 해야 하나요?"

나는 주님께 도움을 구했습니다. 왜냐하면 나의 말을 통해 그와의 관계가 분명하게 설정이 되게 되고 나의 말의 여하에 따라 그의 인생에 어떤 식으로든 영향을 미친다는 생각이 들었기 때문입니다. 그때 하나님께서는 내가 나의 자녀들에게 했던 시편 1편 말씀을 분명하게 가르치라고 하셨습니다. 그에게도 올바른 정체성과 분별력을 심어 주고 기도하라고 하셨습니다.

나는 그 학생과 단 둘이 방으로 들어갔습니다. 나는 성경을 펴고 시편 1편을 찾았습니다. 나는 그 학생과 함께 방바닥에 무릎을 꿇고 시편 1편을 함께 소리 내어 읽었습니다. 그리고 나는 그에게도 나의 자녀들에게 했던 말을 그대로 해주었습니다.

"너는 정말로 복 있는 사람이야!"

"너는 축복받은 사람이고 복덩어리야!"

"너는 세상에서 하나밖에 없는 너무나 소중한 존재야!"

"너를 통해 세상 모든 사람들이 복을 받게 될 거야!"

"하나님이 너를 얼마나 사랑하셨는지 아니? 우리의 죄를 위해 독생자 예수님을 십자가에 내어 주셔서 죽음의 고난을 담당하게 하신 분이란다!"

"너는 의인의 길을 가는 복 있는 사람이란다!"

나는 그와 함께 "나는 복 있는 사람이다. 나는 복덩어리다"라는 말을 세 번 반복해서 복창했습니다.

나는 그에게 시편 1편 말씀에 기초해서 그가 계획했던 것이 악인의 꾀이고 마트에 간 길은 죄인의 길임을 설명했습니다. 오만한 자들의 자리 앉아 있는 것이 무엇을 의미하는지 말했습니다.

또한 악인의 꾀, 죄인의 길, 오만한 자들의 자리를 멀리하는 길은 하나님의 말씀을 사랑하고 그의 말씀을 주야로 묵상하는 길임을 말해 주었습니다. 그는 나의 말을 진지하게 받아들였습니다.

그리고 나는 그에게 한 가지 제안을 하였습니다. 시편 1편 말씀을 집에 가서 써서 내일 아침에 우리 집 우체통에 넣어 줄 수 있겠느냐고 물었습니다. 그는 그렇게 하겠다고 하였습니다.

나는 그가 하나님의 말씀을 마음속에 영접했을까 아니면 영접하지 않았을까, 나의 제안을 받아들였을까 아니면 거절했을까 궁금하였습니다. 나는 주님께서 인도해 주시고 은혜를 주시도록 간절히 기도하고 잠을 청했습니다.

다음날 아침 현관 앞 우체통에 가서 보았더니 그 학생이 정성스럽게 쓴 시편 1편이 나의 집 우체통에 끼워져 있었습니다. 나는 그가 하나님의 말씀을 영접하고 신뢰했다는 사실에 감사를 드렸습니다. 나는 그가 복 있는 사람으로서 세계적인 영성과 인성과 건강과 실력의 소유자가 되어 세상 만민에게 복을 나누어 주는 꿈을 꾸었고 기도해 주었으며 믿게 되었습니다.

자녀가 성공하는데 꼭 필요한 하나님의 말씀

당신은 자녀의 영성과 인성을 위해 무엇을 하고 있습니까?

매일 하나님의 말씀을 가르치고 있습니까? 나는 자녀들의 영성과 인성을 위해 하나님의 말씀을 가르칩니다. 다른 좋은 책을 읽지 말라는 것이 아닙니다. 유익한 경험과 깨달음을 자녀에게 가르치지 말라는 것도 아닙니다. 우선순위가 중요합니다.

하나님의 말씀인 성경에 최고의 권위를 두고 다른 모든 것에 우선해 그 말씀을 먼저 자녀에게 가르치라는 것입니다. 하나님의 말씀은 자녀 교육의 최고 지침서이자 교과서입니다. 자녀가 말씀으로 잘 양육을 받았다면 다른 것은 염려하지 않아도 반드시 크게 성공할 것입니다. 아이들의 마음은 백지장과 같아서 어린 시절 받은 좋은 교육은 커서도 떠나지 않습니다.

디모데도 어려서부터 성경 말씀으로 양육을 받았습니다.

"또 네가 어려서부터 성경을 알았나니 성경은 능히 너로 하여금 그리스도 예수 안에 있는 믿음으로 말미암아 구원에 이르는 지혜가 있게 하느니라. 모든 성경은 하나님의 감동으로 된 것으로 교훈과 책망과 바르게 함과 의로 교육하기에 유익하니 이는 하나님의 사람으로 온전하게 하며 모든 선한 일을 행할 능력을 갖추게 하려 함이라."(딤후 3:15~17)

하나님의 말씀을 자녀들에게 부지런히 가르치는 것은 매우 중요합니다. 이어 떨어지는 물방울이 바위를 뚫듯이 반복적으로 가르치는 하나님의 말씀은 자녀들의 내면 깊숙이 새겨집니다.

"이스라엘아 들으라. 우리 하나님 여호와는 오직 유일한 여호와이시니 너는 마음을 다하고 뜻을 다하고 힘을 다하여 네 하나님 여호와를 사랑하라. 오늘 내가 네게 명하는 이 말씀을 너는 마음에 새기고 네 자녀에게 부지런히 가르치며 집에 앉았을 때에든지 길을 갈 때에든지 누워 있을 때에든지 일어날 때에든지 이 말씀을 강론할 것이며 너는 또 그것을 네 손목에 매어 기호를 삼

으며 네 미간에 붙여 표로 삼고 또 네 집 문설주와 바깥문에 기록할지니라."(신 6:4~9)

하나님께서는 자녀 교육을 외부 기관에 맡기라고 하지 않으셨습니다. 하나님은 부모가 직접 하나님의 말씀으로 자녀를 가르치므로 본을 보이라고 하셨습니다.

오늘날 자녀들의 인성 교육이 실패한 원인 중의 하나는 부모가 자녀의 인성 교육을 학교에 맡기고 방치했기 때문입니다. 자녀들의 영성 교육이 실패하고 교회의 주일학교에 자녀들이 격감하는 원인 중의 하나도 부모가 가정에서 신앙 교육의 책임을 지고자 하지 않고 교회에 맡겼기 때문입니다.

하나님은 부모의 믿음이 자녀에게 계승되길 원하십니다. 하나님은 부모의 믿음이 자녀뿐만 아니라 천대의 후손에게도 계승되기를 원하십니다. 당신의 자손만대가 하나님의 축복을 누리고 민족에게 나누어주는 삶을 살기 원하십니다.

나는 행복해서 밤낮 말씀을 묵상한다

나는 행복해서 주야로 하나님의 말씀을 묵상합니다.

당신은 어떻습니까? 주야로 여호와의 율법 곧 하나님의 말씀을 묵상합니까? 아니면 일주일에 한번만 묵상합니까? 매일 아침에만 잠깐 묵상합니까? 하나님의 말씀을 주야로 묵상하십시오. 당신이 숨을 쉬고 공기를 들이 마시면서 공기 중에서 생활하고 있듯이 숨을 쉬는 것처럼 하나님의 말씀을 묵상하십시오.

묵상이란 계속적으로 신중하게 생각하고 입으로 중얼거리며 암송하는 것을 의미합니다. 하나님의 말씀을 주야로 묵상한다는 것은 낮이든 밤이든 비가 오나 눈이 오나 어디에 있든지 말씀을 중얼거리며 암송하기도 하고 생각하기도 하면서 하루 종일 말씀에 사로잡혀 지내는 것입니다.

나는 하나님의 말씀을 주야로 묵상합니다. 암송되어진 하나님의 말씀이 항상 내면 가운데 떠오릅니다. 암송된 말씀은 내가 앉아 있으나 서 있으나 자나 깨나 걷거나 달리거나 상관없이 어느 때 어느 장소에서도 하나님을 생각하게 하고 하나님의 품으로 뛰어가게 해줍니다.

나는 성경 다독과 Q.T, 그룹 성경 공부와 묵상 노트 작성을 통해 하나님의 말씀을 묵상합니다. 좋은 신앙 서적, 회중 예배와 가정 예배, 좋은 만남, 산책 등을 통해서 하나님의 말씀을 묵상합니다. 작은 수첩이나 쪽지, 탁자와 벽 등 여기 저기 붙이고 기록한 말씀을 통해 묵상합니다.

스마트폰을 켜면 내가 이전까지 읽은 말씀 구절이 펴집니다. 그러면 나는 다음 구절을 계속해서 읽어 나갑니다. 폴더폰이어도 괜찮습니다. 내가 폴더폰을 가지고 있을 때는 핸드폰 메모에 성경 말씀을 계속해서 기록하고 저장했습니다. 그리고 집, 직장, 대중교통, 산책, 운동 등 어떤 위치에서도 메모를 펴서 말씀을 읽고 묵상하였습니다.

하나님께 순종하려면 말씀을 묵상하라

당신은 보이지 않는 하나님께 순종하는 삶을 살기 원합니까?

그렇다면 하나님의 말씀을 묵상하십시오. 하나님의 말씀을 묵상하는 것이 순종의 시작입니다. 하나님의 말씀을 주야로 묵상할 때 저절로 하나님께 순종하게 됩니다.

말씀 묵상은 저절로 되지 않습니다. 도전이 필요하고 결단이 필요합니다. 습관이 되기까지 반복 훈련이 필요합니다. 혼자 하다가 잘 안되면 서로 서로 체크해 주고 차트에 진행 상황을 기록하면서 해보면 좋습니다. 초신자는 멘토나 인도자와 일대일로 할 수 있습니다. 말씀을 공부하는 그룹에서 모두가 함께 해도 좋습니다. 이런 훈련이 이어진다면 내면 가운데 놀라운 변화가 일어날 것입니다.

나의 경우를 보면 한번 들은 말씀은 거의 다 잊어버렸습니다. 물론 들으면서 많은 은혜를 받고 가슴에 남아 있는 것도 몇 가지 있습니다. 하지만 그렇게 듣는 것만으로는 부족합니다. 말씀을 받아 적은 후에 내 뼈와 살이 되도록 매일 묵상해야 합니다.

대학생 때부터 믿음의 선배와 일대일로 말씀을 공부했는데 공부한 말씀을 노트에 쓰는 훈련을 받았습니다. 말씀 공부 노트를 만들고 묵상 노트를 만들기 시작한 것이 말씀 묵상의 좋은 시작이 되었습니다. 당신도 그렇게 하십시오.

묵상 노트를 쓸 때 처음에는 세 줄에서 시작하여 열 줄, 한 페이지, 두 페이지, 세 페이지 이렇게 점차적으로 늘어나게 되었습니다. 말씀을 묵상하고 묵상 내용을 쓰면서 말씀 안에서 나의 인생과 삶을 돌아보게 되었습니다. 말씀을 묵상하면서 내면의 엉킨 문제도 실타래가 풀리듯 풀리기 시작했습니다.

성경 구절을 암송하여 내 것으로 만들라

말씀을 암송하는 것도 좋은 방법입니다.

시편 1편, 시편 23편, 고린도전서 13장과 15장, 히브리서 11장 등 한 장을 통째로 암송하는 것도 좋은 방법입니다. 매주일 감동받은 말씀을 한 구절씩 외우는 것도 좋습니다. 말씀 공부나 다독, 신앙 서적 등을 통해 은혜 받은 구절을 암송하는 것도 좋은 방법입니다. 중얼중얼하면서 반복적으로 암송하다 보면 기억 속에 저장되어 있던 말씀이 가슴으로 내려와 나의 마음과 생각을 지배하게 됩니다.

나는 말씀 묵상을 통해 변화되었습니다. 내가 받은 하나님의 말씀은 나의 가치관과 인생관, 역사관과 세계관을 바꾸기 시작했고 나의 삶의 기초와 기둥이 되었습니다. 말씀 묵상을 통해 하나님의 말씀이 나의 내면에 새겨졌습니다.

하나님의 말씀을 묵상할 때 개척하고 도전할 용기가 생기고 하나님을 순종할 내적 힘도 생겼습니다. 당신도 말씀 묵상에 도전하십시오. 말씀 묵상을 매일 하겠다고 결단하십시오. 말씀 묵상이 습관이 되기까지 훈련하십시오.

예수님을 닮고 싶습니까? 하나님의 말씀을 묵상하십시오.

예수님의 가치관, 인생관, 역사관, 세계관을 소유하길 원하십니까? 하나님의 말씀을 묵상하십시오. 예수님은 말씀이 육신이 되어 우리 가운데 오신 하나님이십니다. "말씀이 육신이 되어 우리 가운데 거하시매 우리가 그의 영광을 보니 아버지의 독생자의 영광이요 은혜와 진리가 충만하더라"(요 1:14)고 했습니다.

그러므로 말씀을 묵상하면 예수님을 알게 됩니다.

창세기부터 요한계시록까지의 모든 말씀은 하나님의 아들이자 구원자이신 예수 그리스도를 나타내고 있습니다.

"옛적에 선지자들을 통하여 여러 부분과 여러 모양으로 우리 조상들에게 말씀하신 하나님이 이 모든 날 마지막에는 아들을 통하여 우리에게 말씀하셨으니 이 아들을 만유의 상속자로 세우시고 또 그로 말미암아 모든 세계를 지으셨느니라. 이는 하나님의 영광의 광채시요 그 본체의 형상이시라. 그의 능력의 말씀으로 만물을 붙드시며 죄를 정결하게 하는 일을 하시고 높은 곳에 계신 지극히 크신 이의 우편에 앉으셨느니라."(히 1:1~3)

예수 그리스도 복음으로 가득한 하나님의 말씀을 묵상하는 것은 우리의 마음과 영이 성령 안에서 예수님과 대화를 나누는 것과 같습니다. 우리는 말씀을 통해 예수님과 대화하면서 서로의 생각을 나누고 마음을 나누고 인생을 나누고 영원을 나누게 됩니다. 그러면서 예수님의 가치관, 인생관, 역사관, 세계관을 보게 되고 영향을 받게 되며 하나님께서 기뻐하시는 삶의 방식을 따라 살게 됩니다. 다시 성경책을 붙들고 말씀을 묵상하십시오.

하나님의 말씀을 밤낮 되씹어라

당신이 주야로 묵상하는 것은 무엇입니까?

하나님의 말씀인가요? 사람의 말인가요? 부정적이고 파괴적인 사람의 말을 되씹지 말고 긍정적이고 건설적인 하나님의 말씀을 되새기십시오. 하나님의 말씀은 사람을 굳게 세워 줍니다.

지금까지 당신의 마음을 힘들게 하고 당신이 품은 꿈과 계획을 망치게 한 것은 사람들의 말을 듣고 그것을 밤낮 되씹었기 때문입니다. 사람들의 말을 되씹지 말고 소가 여물을 되씹는 것처럼 하나님의 말씀을 되씹으십시오. 이것이 곧 묵상입니다.

하나님이 당신에게 하신 말씀을 되씹으면 항상 견고하여 흔들리지 않고 더욱 주의 일에 힘쓰게 될 것입니다. 명심하십시오.

사람들의 말은 어느 곳을 가고 무엇을 보든지 넘치고 넘칩니다. 내 몸에 24시간 붙어 있는 핸드폰이 쏟아 내는 말만 해도 측량할 수 없을 정도로 많습니다. 그중에는 좋은 말들과 즐거운 말들도 있습니다. 그런 것을 잘 분별해서 받아들여야 합니다.

사람들의 즐거운 말은 우물물을 먹는 것과 같아서 돌아서면 다시 목이 마릅니다. 우리의 내면을 만족시킬 만한 영원한 즐거움이 되지 못합니다. 우리의 내면과 영혼이 사모하는 영원한 사랑과 영원한 만족, 영원한 기쁨과 영원한 생명의 길을 제시해 주지 못합니다. 사람의 말은 끝도 없이 부족하고 목마릅니다.

하지만 하나님의 말씀은 잔이 넘칩니다. 하나님의 말씀을 묵상하십시오. 하나님의 말씀을 묵상할 때 우리의 영혼은 영원한 사랑과 영원한 기쁨과 영원한 생명을 누리게 됩니다. 인생의 죄와 목마름, 저주와 가난, 질병과 어리석음, 죽음 등의 한계를 극복하고 하나님이 주시는 의와 성령 충만, 건강과 부요, 지혜와 평화, 생명이 충만한 삶을 살게 됩니다.

말씀 묵상은 사랑과 생명, 의와 거룩함, 은혜와 진리, 권능과 빛으로 충만하신 거대한 하나님의 댐에 수로를 대는 것과 같습니다. 하나님의 말씀을 묵상할 때 하나님의 온갖 좋은 은사와 온전한 선물이 위로부터 내려오는 것을 체험하게 됩니다.

"온갖 좋은 은사와 온전한 선물이 다 위로부터 빛들의 아버지께로부터 내려오나니 그는 변함도 없으시고 회전하는 그림자도 없으시니라."(약 1:17)

창조적인 지혜와 능력은 말씀으로부터 온다

당신은 창조적인 지혜와 능력이 필요합니까?

나는 하나님께로부터 창조적인 지혜와 능력을 얻었습니다.

어떻게 하면 창조적인 지혜와 능력을 얻을 수 있을까요? 말씀으로 천지 만물을 창조하신 하나님의 말씀을 묵상하십시오.

"하나님이 이르시되 빛이 있으라 하시니 빛이 있었고."(창 1:3)

"하나님이 이르시되 물 가운데에 궁창이 있어 물과 물로 나뉘라 하시고……."(창 1:6)

"하나님이 이르시되 천하의 물이 한 곳으로 모이고 뭍이 드러나라 하시니 그대로 되니라."(창 1:9)

"하나님이 이르시되 땅은 풀과 씨 맺는 채소와 각기 종류대로 씨 가진 열매 맺는 나무를 내라 하시니 그대로 되어."(창 1:11)

"하나님이 이르시되 하늘의 궁창에 광명체들이 있어 낮과 밤을 나뉘게 하고 그것들로 징조와 계절과 날과 해를 이루게 하라."(창 1:14)

"하나님이 이르시되 물들은 생물을 번성하게 하라 땅 위 하늘의 궁창에는 새가 날으라 하시고……."(창 1:20)

"하나님이 이르시되 땅은 생물을 그 종류대로 내되 가축과 기는 것과 땅의 짐승을 종류대로 내라 하시니 그대로 되니라."(창 1:24)

"하나님이 이르시되 우리의 형상을 따라 우리의 모양대로 우리가 사람을 만들고 그들로 바다의 물고기와 하늘의 새와 가축과 온 땅과 땅에 기는 모든 것을 다스리게 하자 하시고……."(창 1:26)

"하나님이 이르시되 내가 온 지면의 씨 맺는 모든 채소와 씨 가진 열매 맺는 모든 나무를 너희에게 주노니 너희의 먹을 거리가 되리라."(창1:29)

하나님의 말씀을 묵상하므로 얻게 되는 유익

하나님의 말씀을 묵상하므로 얻게 되는 유익에는 어떤 것이 있을까요? 내가 얻은 몇 가지 큰 유익을 나누고자 합니다.

첫째, 당신에게 소망과 위로가 필요합니까? 하나님의 말씀을 묵상하면 하늘의 소망과 위로를 얻게 됩니다.

"주의 종에게 하신 말씀을 기억하소서. 주께서 내게 소망을 가지게 하셨나이다. 이 말씀은 나의 고난 중의 위로라. 주의 말씀이 나를 살리셨기 때문이니이다."(시 119:49~50)

둘째, 인생길을 비추어 줄 빛이 필요하십니까? 하나님의 말씀을 묵상하십시오. 하나님의 말씀이 곧 인생길에 빛이 됩니다.

"주의 말씀은 내 발에 등이요 내 길에 빛이니이다."(시 119:105)

셋째, 지혜가 필요합니까? 하나님의 말씀을 묵상하십시오.

"주의 말씀을 열면 빛이 비치어 우둔한 사람들을 깨닫게 하나이다."(시 119:130)

넷째, 청년의 때에 깨끗한 행실을 원합니까? 하나님의 말씀을 묵상하십시오.

"청년이 무엇으로 그의 행실을 깨끗하게 하리이까? 주의 말씀만 지킬 따름이니이다. 내가 전심으로 주를 찾았사오니 주의 계명에서 떠나지 말게 하소서."(시 119:9~10)

다섯째, 창조주 하나님을 알고 싶습니까? 하나님의 말씀을 묵상하십시오. 하나님은 곧 말씀입니다. 말씀은 하나님의 존재 방법입니다.

"태초에 말씀이 계시니라. 이 말씀이 하나님과 함께 계셨으니 이 말씀은 곧 하나님이시니라."(요 1:1)

여섯째, 보이지 않는 하나님을 보고 싶습니까? 그렇다면 무엇보다 하나님의 말씀인 성경을 묵상하십시오. 성경 말씀은 하나님의 자기 계시 방법입니다.

"말씀이 육신이 되어 우리 가운데 거하시매 우리가 그의 영광을 보니 아버지의 독생자의 영광이요 은혜와 진리가 충만하더

라."(요1:14)

우리는 말씀을 통해 육신의 몸을 입고 이 땅에 오신 하나님의 아들 예수 그리스도를 만날 수 있습니다. 말씀 묵상을 통해 독생하신 예수그리스도의 영광을 체험할 수 있습니다. 말씀 묵상을 통해 예수님의 충만하신 은혜와 진리를 누릴 수 있습니다.

하나님의 음성을 듣고 싶으면 말씀을 묵상하라

당신은 날마다 하나님의 음성을 듣고 있습니까?

나는 날마다 하나님의 음성을 듣고 있습니다. 하나님의 말씀을 묵상하기 때문입니다. 하나님의 음성을 듣기 위해 항상 예배당을 찾아 가야만 하는 것은 아닙니다. 말씀을 듣기 위해 시간을 정해 놓고 기다릴 필요가 없습니다.

현재 내가 있는 실제 삶의 현장에서 하나님의 말씀을 묵상할 때 나에게 말씀하시는 하나님의 음성을 들을 수 있습니다.

하나님의 음성을 통해 부활의 능력을 덧입게 됩니다. 몸과 마음이 회복되고 예수님의 생명으로 채워지게 됩니다.

"진실로 진실로 너희에게 이르노니 죽은 자들이 하나님의 아들의 음성을 들을 때가 오나니 곧 이 때라. 듣는 자는 살아나리라."(요 5:25)

예수님께서 우리 대신 저주받으심으로 우리가 축복받은 사람이 되었다는 것도 하나님의 말씀을 통해 알 수 있습니다.

"그 시체를 나무 위에 밤새도록 두지 말고 그 날에 장사하여 네 하나님 여호와께서 네게 기업으로 주시는 땅을 더럽히지 말라. 나무에 달린 자는 하나님께 저주를 받았음이니라.”(신 21:23)

“그리스도께서 우리를 위하여 저주를 받은 바 되사 율법의 저주에서 우리를 속량하셨으니 기록된 바 나무에 달린 자마다 저주 아래에 있는 자라 하였음이라.”(갈 3:13)

예수님께서 우리의 허물과 죄악, 징계와 질병을 담당하심으로 우리가 의와 평화, 치료와 건강을 누리게 되었다는 것도 하나님의 말씀을 통해 알 수 있습니다.

“그가 찔림은 우리의 허물 때문이요 그가 상함은 우리의 죄악 때문이라. 그가 징계를 받으므로 우리는 평화를 누리고 그가 채찍에 맞으므로 우리는 나음을 받았도다.”(사 53:5)

예수님의 대속으로 악인의 꾀와 죄인의 길과 오만한 자들의 자리에서 벗어나 복 있는 자의 삶과 의인의 길을 가게 되었다는 것도 하나님의 말씀을 통해 알 수 있습니다.

“우리는 다 양 같아서 그릇 행하여 각기 제 길로 갔거늘 여호와께서는 우리 모두의 죄악을 그에게 담당시키셨도다.”(사 53:6)

하나님의 말씀을 묵상할 때 거짓과 악의 세력이 떠나갑니다.

“구원의 투구와 성령의 검 곧 하나님의 말씀을 가지라.”(엡 6:17)

하나님의 말씀을 묵상할 때 그 말씀이 당신의 믿음을 지켜 주고 더욱 견고하게 해줍니다.

“그러므로 믿음은 들음에서 나며 들음은 그리스도의 말씀으로 말미암았느니라.”(롬 10:17)

하나님의 말씀을 묵상할 때 그리스도 안에서 얻게 된 당신의 새 신분과 사명을 깨달을 수 있습니다.

"그러나 너희는 택하신 족속이요 왕 같은 제사장들이요 거룩한 나라요 그의 소유가 된 백성이니 이는 너희를 어두운 데서 불러내어 그의 기이한 빛에 들어가게 하신 이의 아름다운 덕을 선포하게 하려 하심이라."(벧전 2:9)

당신은 우리가 하나님의 말씀을 묵상해야 하는 보다 근본적인 이유를 아십니까? 사람이 하나님의 말씀을 묵상해야 하는 근본적인 이유는 모든 사람이 하나님의 말씀으로 창조되었고 하나님의 말씀으로 살도록 지음 받았기 때문입니다.

"태초에 말씀이 계시니라. 이 말씀이 하나님과 함께 계셨으니 이 말씀은 곧 하나님이시니라. 그가 태초에 하나님과 함께 계셨고 만물이 그로 말미암아 지은 바 되었으니 지은 것이 하나도 그가 없이는 된 것이 없느니라."(요 1:1~3)

"기록되었으되 사람이 떡으로만 살 것이 아니요 하나님의 입으로부터 나오는 모든 말씀으로 살 것이라 하였느니라 하시니……"(마 4:4)

나는 시냇가에 뿌리를 내린 나무다

당신의 인생은 무엇에 뿌리를 내리고 있습니까?

영원히 마르지 않는 생명의 원천에 뿌리를 내리고 있나요? 나는 영원히 마르지 않는 생명의 원천에 뿌리를 내리고 있습니다.

나는 하나님의 말씀을 암송하고 묵상함으로써 하나님의 생명수 강물에 뿌리를 내리며 자라고 있습니다.

하나님의 말씀을 주야로 묵상하십시오. 하나님의 말씀을 주야로 묵상함으로 하나님의 생명수 강가에 뿌리를 내리십시오. 내 인생이 메마른 나무와 같다고 생각되십니까? 하나님의 말씀을 묵상하십시오. 나의 주변 환경이 사막과 같다고 여겨지십니까? 하나님의 말씀을 묵상하십시오. 그리하면 시냇가에 심은 나무처럼 철을 따라 열매를 맺으며 그 잎사귀가 마르지 아니함 같이 모든 일이 다 형통한 삶을 살게 될 것입니다.

당신도 사업을 하게 될 것이다

당신은 행복한 사람입니까?

나는 주님 안에서 한없이 행복합니다.

내가 행복한 삶을 살고 있는 비결이 있습니다. 그 엄청난 비결이 무엇일까요? 이 책에서 당신과 함께 나누기를 원합니다.

나는 온전한 복음 안에서 실제로 내안에 살아 계신 주님을 만났습니다. 하루하루 성령님과 인격적인 교제 속에 친밀한 대화를 나눕니다. 아침에 눈을 뜨면 "성령님! 성령님! 사랑합니다. 오늘도 나와 함께 행복한 하루를 시작하시지요"라며 사랑을 속삭이듯이 인격적인 대화로 시작합니다. 그러면 마음이 황홀해집니다.

당신도 인격적으로 성령님을 부르면서 하루를 시작하세요.

처음에는 어색할지 모르지만 몇 번 하다 보면 성령님이 당신의 이름을 부르며 사랑을 속삭이는 말을 듣게 될 것입니다.

성령님과 인격적인 교제를 하는 비결

어떻게 하면 성령님과 인격적인 교제를 할 수 있을까요?

아주 간단합니다. 다음의 몇 가지를 기억하면 됩니다.

첫째, 예수님이 십자가에서 나의 죄, 목마름, 병, 가난, 어리석음, 징계, 죽음을 모두 담당하셨습니다. 우리의 모든 대가와 값을 십자가에서 다 치르시고 "다 이루었다"고 하셨습니다. 우리가 예수님을 믿는 순간부터 의인, 성령 충만, 건강, 부요함, 지혜, 평화, 영원한 생명을 갖게 되었다는 걸 믿기만 하면 됩니다.

둘째, 내 안에 실제로 살아 계신 성령님과 동업하는 삶을 살아야 합니다. 성령님과 친밀한 교제를 나누기 위해 몇 년 전 몇 시간씩 방언 기도와 기도원을 다니며 부르짖었습니다. 목소리가 변해서 말하는 것도 힘들 정도로 쉬어 있었습니다.

율법적인 나의 행위로 성령님과 더 가까워질 수 있다고 생각했고 그런 가르침을 배웠습니다. 하지만 온전한 복음을 깨닫고 "다 이루었다. 믿기만 하라"(요 19:30, 눅 8:50)는 성령님의 음성이 내 마음을 움직였습니다.

나의 행위로 문제가 해결되거나 기도 응답이 이루어지는 것이 아니라 성령님과 동업하며 성령님 음성에 민감하게 반응해야 합니다. 당신도 모든 행위를 벗어던지고 당신의 모든 짐을 담당하신 성령님과 동업하는 삶을 살아야 합니다. 성령님이 주신 큰 믿음으로 어떤 일이 있어도 항상 믿음의 생각과 믿음의 말만 해야 합니다. 그러면 당신의 삶에 아주 큰 변화가 찾아올 것입니다.

셋째, 자신만의 시간을 갖고 책을 읽으면서 깨달음의 시간을 가져야 합니다. 성령님이 주시는 깨달음은 내 삶의 큰 자산이 되기도 하며 삶의 방향을 인도하시기도 합니다. 깨달음이 없는 인생은 죽은 인생과 같습니다.

넷째, 소망의 기도가 아닌 믿음의 기도를 해야 합니다.

기도는 미래형이 아니라 과거형이고 현재 완료형입니다. 미래형인 소망의 기도는 아무리 열심히 기도해도 응답이 늦습니다. 나는 온전한 복음을 깨닫고 난 후부터 성령님과의 교제 속에서 믿음의 기도를 하며 매일 응답을 받아 누리고 있습니다. 놀랍지 않습니까? 당신도 믿음의 기도를 하십시오. 쉽게 응답받습니다.

성경에 "너희가 기도하고 구한 것은 받은 줄로 믿으라. 그리하면 그대로 되리라"(막 11:24)고 했습니다. 그러므로 당신은 "하나님, 저는 자산가가 되었습니다. 천재작가가 되었습니다. 감사합니다"라고 하면서 믿음의 기도를 해야 합니다.

많은 사람들은 나를 볼 때마다 참 많이 변했다고 합니다. 우울하고 부정적이었던 마음이 완전히 사라지고 얼굴 표정 또한 많이 변화되었습니다. 나의 성격은 밝고 온유해졌으며 또한 차분해졌습니다. 얼굴엔 항상 입 꼬리가 올라가 있으며 모든 일에 당당하며 지혜가 넘치고 있습니다.

당신도 과거의 나처럼 힘든 시간을 보냈다면 크신 성령님을 만나 그분의 인도하심을 받아야 합니다. 그러면 나처럼 지혜가 넘쳐 나고 성격과 얼굴 표정과 삶 전체가 변화됩니다. 당신이 원하는 모든 꿈을 이룰 수 있습니다.

내 인생을 바꾼 놀라운 만남의 축복

당신은 인생을 바꾼 만남의 축복이 있습니까?

나는 몇 년 전 온전한 복음을 깨닫고 그 말씀을 듣기 위해 서울목자교회로 달려갔습니다. 내 인생을 바꾼 만남이었습니다.

나는 온전한 복음의 말씀과 책을 읽고 이전에는 상상할 수도 없었던 많은 꿈을 꾸게 되었습니다. 천재작가와 강연가, 자산가와 사업가, 큰 빌딩, 세계적인 선교센터 설립, 50평대 아파트, 벤츠 자동차 등 수많은 꿈들을 믿음으로 바라보며 꿈꾸었습니다.

그렇게 많은 꿈을 꾸며 믿음으로 말하고 생각할 때마다 성령님은 나의 꿈을 이루어 주시기 위해 불처럼 바람처럼 내 인생을 이끌어 가셨습니다. 내 인생은 '성령님 안에서 이끌림'이었습니다. 내 인생에 급하고 강한 성령의 바람이 불었던 것입니다.

나의 책들을 읽어보면 알겠지만 현재 나의 삶은 부유하고 윤택해졌습니다. 지금은 4권의 책을 써낸 천재작가가 되었고 직장에서 많은 사람들에게 강연을 하고 있으며 남편을 통해 큰 사업을 하고 있습니다.

당신도 사업을 하게 될 것이다

어느 날 성령님은 남편을 통해 큰 사업을 하게 될 거라고 하셨습니다. 나는 큰 믿음으로 완전하게 믿었습니다. 직장 생활을 하는 남편에게 "당신이 다니는 회사에 하나님은 당신의 사업장을 만들 거예요. 그러면 당신은 사업을 하고 직원을 채용하게 되며 사장이 될 거예요"라고 이야기해 주었습니다.

남편은 내게 제 정신이 아닌 것 같다며 이해가 안 되는 소리를 한다고 했지만 나는 남편에게 1년 동안 믿음을 계속해서 심어 주었습니다. 나의 남편은 참으로 성실하고 부지런한 사람이었고 회사 일에 최선을 다했지만 월급쟁이 생활은 거의 비슷합니다.

　사업을 해야 큰돈을 벌 수 있는데 필요한 자금이 없었습니다.

　〈슈퍼맨〉의 주연이었고 영화감독과 작가였던 크리스토퍼 리브는 '불가능한 꿈의 실현 가능성'에 대해 이런 말을 했습니다.

　"우리의 꿈은 대부분 처음에는 불가능해 보이고 또 얼마의 시간이 지나도 실현되지 않을 것처럼 보이지만, 어느 순간 꼭 이루겠다는 의지를 발휘하기 시작하면 반드시 이룰 수 있는 무엇으로 변모한다. 그러므로 꿈이 꼭 이루어진다고 믿고 포기하지 마라."

　나는 하나님이 주신 음성을 마음 판에 새겼고 남편이 꼭 사업가의 길을 간다는 확신이 있었습니다. 또한 서울목자교회의 특별세미나 때 김열방 목사님을 통해 하신 "네게 재물 얻을 능을 주셨다"(신 8:18)는 충격적인 말씀을 잊지 않고 있습니다.

　"우와! 하나님이 우리에게 사업가의 길을 가게 하는구나" 하며 나는 매일매일 꿈을 꾸며 행복에 빠져들었습니다. 그럴 때마다 남편은 큰 자금이 없는데 무슨 사업이냐고 못한다고 말했습니다.

　모든 일은 나와 동업하시는 하나님이 진행하시는데 나는 아무런 걱정이 없었습니다. 하나님이 사업장을 주시는데 그 뒤에 있을 모든 일까지도 그분이 책임지지 않겠습니까?

　지금까지 여러 가지 일들을 진행했습니다. 새벽에 일어나니 성령님께서 집을 알아보라고 하셔서 바로 순종하고 집을 계약하며 큰집으로 이사하기도 했습니다. 자동차를 바꾸고 싶다고 했을 때 성령님께서 큰 자동차로 바꾸어 주셨습니다.

큰돈이 있어서 이사를 하고 새 차를 샀던 건 아니었습니다.

성령님의 음성에 순종하고 저지르니 나머지는 하나님이 다 책임져 주셨습니다. 현상적으로 크게 부요하진 않았지만 내 가난을 대신 짊어진 부요한 하나님으로 인해 부요한 믿음을 갖게 되었고 부요한 삶을 살고 있습니다. 당신도 원하는 것을 얻으려면 믿음으로 저지르십시오. 그러면 다 얻게 될 것입니다.

하나님이 당신에게 사업장을 주신다

당신은 사업에 대한 큰 꿈이 있습니까?

그런데 사업을 시작할 돈도 없고 사람도 없고 재능도 없습니까? 없다는 생각을 버리고 믿음을 가지십시오. 믿음만 있으면 다른 것은 하나님이 다 챙겨 주십니다. 내가 실제로 그랬습니다.

성령님의 음성이 있고 1년이 되기 전, 남편의 직장에서 연락이 왔습니다. 본사에서 전주에 사업장을 늘리라는 연락이었습니다. 주위에서는 그동안 성실하게 일했던 남편을 추천해 주었습니다.

다른 사업을 하고 계시는 많은 사장들, 장교 출신, 은행 근무자 등 많은 사람들이 면접을 보았지만 성령님께서 우리에게 사업장을 주셨고 우리는 새로운 일을 하게 되었습니다.

월급쟁이 생활에서 사업가의 생활로 바뀌면서 삶의 변화는 시작되었습니다. 사업가의 마인드, 만나는 사람들의 태도와 호칭,

그리고 경제적인 부분까지 모든 문제가 해결되었습니다.

우리가 많은 돈이 있어서 사업을 시작한 건 아닙니다. 앞에서 말한 것처럼 믿음으로 모든 일을 진행하고 자금은 하나님이 준비해 주셨습니다. 하나님은 정말 좋은 분이십니다.

"우리의 곳간에는 백곡이 가득하며 우리의 양은 들에서 천천과 만만으로 번성하며……"(시 144:13)

어느 날 김열방 목사님께서 보내 주신 말씀이었습니다.

메모지에 적어서 책상 앞에 붙여 놓고 아침마다 하나님께서 주실 복을 생각하며 큰소리로 읽었습니다. 이 말씀을 읽을 때마다 얼마나 설레고 기뻤는지 모릅니다.

"성령님께서 차고 넘치도록 복을 주고 계시는구나."

나는 지금까지 목사님의 설교 말씀을 통해 깨달은 것들, 그리고 책을 읽고 깨달은 것들을 그대로 실천해 나갔습니다.

"모든 일은 끝에서부터 시작하라."

나는 크게 생각하며 언제나 모든 일을 끝에서부터 진행합니다. 그러면 쉽게 성취됩니다. 커다란 성과물이 있습니다.

가끔 힘들고 어려운 일들이 있을 때면 백배로 더 크게 생각합니다. 생쥐 같은 작은 생각은 버리고 독수리 같은 마인드로 모든 일을 진행합니다. 나는 매일매일 놀라고 있습니다.

나를 성공시키기 위해, 넘치는 복을 주기 위해 김열방 목사님을 만나게 하셨다는 것에 무한 감사드립니다. 나는 목사님의 코칭대로 모든 일을 끝에서부터 하나씩 진행해 나갔습니다.

먼저 미래를 위해 과감히 나 자신에게 시간과 돈을 투자했습니다. 내가 성공하면 내 주위의 사람들이 저절로 성공하게 됩니다. 내가 행복하면 내 주위의 사람들이 저절로 행복해집니다.

그래서 나는 먼저 혼자만의 시간을 갖고 책을 읽으며 깨달음을 얻는 시간을 가졌습니다. 그 시간은 정말 행복하고 황홀한 최고의 시간이었습니다. 그때 얻은 깨달음을 차곡차곡 메모했습니다. 그 깨달음이 내 인생을 바꾸었습니다. 나는 책 쓰기와 강연의 비결에 대해 배우고 사업가 마인드에 대해서도 배웠습니다.

성공하려면 끝에서부터 시작해야 합니다. 책부터 써내고 집부터 먼저 사야 합니다. 나는 실제로 그렇게 실천했습니다. 책부터 먼저 써내고 집부터 먼저 샀습니다. 멋진 자동차부터 먼저 사고 사업부터 먼저 하게 되었습니다. 끝에서부터 하니 저절로 일이 술술 풀렸습니다. 당신도 끝에서부터 시작하십시오.

"내게는 돈이 없는데요. 환경이 좋지 않아요. 때가 아닙니다."

할 수 없다는 핑계를 대면 끝도 없습니다. 할 수 있다는 믿음을 가지고 저질러야 합니다. 돈이 생기면 책을 써내고 집을 사고 자동차를 사고 사업을 하는 것이 아니라 어떻게든 믿음으로 먼저 저질러야 합니다. 내가 그렇게 끝에서부터 일을 진행하니 나와 함께 계신 전능하신 성령님께서 나머지 부분들을 모두 다 채워주셨습니다. 당신도 하나님의 기적을 기대하며 저지르십시오.

남편의 사업장은 매일 잘 되고 있습니다. 처음 시작할 때 정신없이 바쁘고 시행착오도 있었지만 성령님께서 주시는 지혜로 모든 일이 잘 진행되고 있습니다. 남편은 바르고 건강한 먹거리를 많은 아이들에게 제공하는 일을 하고 있습니다. 남편의 이미지와

참으로 잘 어울리는 일입니다. 일하는 사장의 마음이 바르고 건
강하지 못하다면 이 일은 할 수가 없는 일입니다.

내가 하나님께 큰 복을 받은 비결

당신도 사업을 하고 싶은데 자금이 없다고요?

우리가 처음 사업을 시작하려고 했을 때 아무런 자금이 없었
습니다. 그래도 나는 전혀 걱정이 없었습니다. 나의 삶과 사업장
을 하나님이 함께 경영하고 계신다는 큰 믿음이 있었기 때문입니
다. 믿음만 있으면 모든 것이 이루어집니다.

마크 빅터 한센(Mark Victor Hansen)은 말했습니다.

"목표를 지나칠 정도로 많이 세우고 더 많은 목표를 계속 추가
하라. 목표는 한꺼번에 실현되는 경향이 있다."

당신도 지금 "내 꿈과 소원이 과연 이루어질까? 언제쯤 이루
어질까?" 하고 고민하겠지만 하나님의 홍수 같은 공급이 일어나
면 필요한 것이 한 번에 다 채워집니다.

남편의 사업 소식을 듣고 남편의 누나 조은주 님과 형 조규만
님을 통해 하나님은 억 단위가 되는 큰 자금을 준비해 주었습니
다. 가족들이 먼저 우리에게 아무런 말없이 손을 내밀어 주셨습
니다. 나의 형님과 아주버님은 믿음이 아주 신실하고 하나님을
경외하는 내가 정말 사랑하는 분들입니다. 힘들고 어려울 때마다
많은 도움을 받았는데 이번 사업을 시작하면서도 우리가 잘되기
만을 바라는 마음으로 자금을 지원해 주었습니다. 하나님은 가족

을 통해 물질을 미리 준비하셨습니다. 이 지면을 빌어 사랑하는 형님과 아주버님 내외분께 진심으로 감사드립니다.

하나님은 사업을 하기 위한 자금뿐만 아니라 주위의 인맥까지 준비하였습니다. 그분은 사랑하는 김동심 님인데 사업을 하면서 가장 큰 힘이 되어 주신 든든한 분입니다. 처음 사업을 시작하는 우리에게 처음부터 지금까지 본인의 일처럼 모든 일에 힘써 주었습니다. 거래처와의 관계며, 어떻게 일을 진행해야 하는지, 사람들과의 만남까지도 함께 힘써 주신 분입니다. 힘들고 지칠 때 큰 힘이 되어 준 김동심 님께 진심으로 감사드립니다. 이 책을 통해 당신이 하는 모든 일에도 축복이 있기를 진심으로 기도합니다.

내가 이렇게 큰 축복을 받은 비결을 알고 싶습니까?

내 힘으로 할 수 없는 많은 일들을 성령님과 함께 하고 있기 때문입니다. 당신도 모든 일을 진행할 때 지혜의 영이신 성령님과 함께 동업해야 합니다.

책과 강연으로 당신의 깨달음을 전하라

당신은 만나는 많은 사람들에게 복음을 전하고 있습니까?

나는 실제로 살아 계신 하나님의 복음을 많은 사람들에게 전하고 있습니다. 책을 통해, 강연을 통해, 일대일 만남으로……

많이 힘들어 하는 친구가 있었습니다. 열심히 교회를 다니면서 봉사와 작정 기도회에 철야까지 하며 열심히 신앙생활을 했지만 매일 갈급하고 목마르다고 외쳤습니다.

예전의 나의 모습이었습니다. 나도 복음을 깨닫기 전에 "나는 기도가 부족한가 봐. 믿음이 부족한가 봐, 하나님께 더 큰 믿음을 달라고 기도해야지. 어휴, 나는 왜 이렇게 응답을 늦게 주시는 걸까? 너무 힘들어"라고 했었습니다.

그분도 그렇게 말했습니다. "나의 헌신적인 봉사가 부족한가?" 하면서 나와 함께 더 많은 봉사를 하자고 말하기도 했습니다.

그 친구는 힘들다면서 하나님께 매일 울부짖었습니다. 나는 너무 안타깝게 느껴졌고 마음이 아팠습니다. 그는 가까이에서 나의 변화된 모습을 가장 많이 본 친구입니다.

철야도 안가고 새벽기도 안가고 봉사도 안하는데 행복하다고 하면서 성령님만 찾는 나를 이상하게 생각하지만 힘들 때면 내가 전하는 예수 그리스도 온전한 복음 이야기를 듣고 싶어 만나기를 원했습니다. 만남이 있을 때마다 나는 매일 똑같은 믿음의 말씀을 전했습니다. 믿음은 아주 단순합니다.

예수님이 십자가에서 땀과 피와 눈물을 흘리며 값을 다 지불하고 다 이루어 놓으신 것, 곧 온전한 복음을 믿기만 하라는 것입니다. 이미 성령님께선 우리에게 큰 믿음을 선물로 주셨고 이 땅에 살면서 풍성하고 복되고 축복된 삶, 천국 같은 삶을 살기를 원하십니다. 그러므로 힘들고 어렵다는 마음가짐을 버리고 믿음의 기도를 하고 믿음의 말을 사용하며 믿음의 사람들을 만나야 합니다. 믿기만 하면 꿈과 소원이 다 이루어집니다.

부정적인 사람은 거절하고 차단하라

당신은 부정적인 사람들과 말을 섞지 않습니까?

나는 믿음의 하나님과 만나고 믿음의 사람들과 사귑니다.

믿음의 하나님과 교제하면 믿음이 가득 차게 됩니다. 하나님은 믿음의 하나님이십니다. 믿음이 없이는 하나님을 기쁘시게 할 수 없습니다. 하나님께 나아가는 자는 반드시 그가 계신 것과 또한 그가 자기를 찾는 자들에게 '믿음의 상'을 주신다는 것을 믿어야 합니다. 믿음으로 시작해서 믿음으로 끝나야 합니다.

믿음을 방해하는 부정적인 사람은 멀리 두어야 합니다.

"그러면 부정적인 사람들을 다 끊어야 한단 말인가요?"

네, 그렇습니다. 세상의 불필요한 가지들을 버리면 성령님께선 꼭 필요한 사람을 만나게 하십니다. 복음을 전하기 위해서는 그 사람들을 만나야 하지만 그 외에 사업을 할 때는 그런 부정적인 사람들을 거절하고 차단하고 함께 있지 말아야 합니다.

"그러면 외롭고 쓸쓸하지 않나요? 잡다한 사람들을 만나 수다를 떨어야 우울한 기분이 좀 풀리지요."

그렇지 않습니다. 성령님만 있어도 잔이 넘칩니다.

다윗은 "내 잔이 넘치나이다"라고 고백했습니다. 전지전능하신 성령님만 함께 계셔도 당신의 잔이 넘칩니다. 요셉이 성령님과만 함께 있었는데 잔이 넘쳤고 서른 살의 나이에 애굽의 국무총리가 되었습니다. 그 후에도 그는 성령님과만 함께 있었고 가족을 봉양하기 위해 애굽으로 불렀지만 멀리 떨어져 있게 했습니다. 좀 떨어져 있어도 가족을 잘 봉양할 수 있습니다.

성경에 나오는 사람들을 보십시오. 아브라함도 성령님과만 함께 있었는데 잔이 넘쳤습니다. 이삭과 야곱도 성령님과만 함께 있었는데 잔이 넘쳤습니다. 요셉, 모세, 다윗, 솔로몬도 성령님과만 함께 있었는데 잔이 넘쳤습니다.

하나님의 종은 사람들과 섞이지 않고 구별되어 '하나님 앞에서 단독자의 삶'을 살아야 합니다. 그러면 그가 복의 근원이 되어 주위 모든 사람들이 큰 복을 받게 됩니다. 오직 하나님만 바라보십시오. 하나님의 음성에 귀를 기울이십시오. 그러면 마음이 강해지고 담대해집니다. 그 무엇도 두려워하지 않게 됩니다.

나 또한 하나님께서 많은 사람들과의 관계를 끊게 하셨습니다. 처음엔 무엇인가 허전한 듯 했지만 잠시 잠깐이었습니다. 오히려 지금은 너무 편하고 좋습니다. 세상 사람들은 당사자 앞에서 하지 못하는 말들을 뒤에서 말하기를 참 좋아합니다.

부정적인 사람들은 부정적인 말로 하나님의 사람을 힘들게 합니다. 이제는 그런 사람들과의 관계를 정리하고 나니 마음이 편하고 좋습니다. 당신도 세계적인 큰 사업가가 되려면 부정적인 사람을 거절하고 차단하고 함께 있지 말아야 합니다.

성령님께선 나에게 많은 사람과의 관계를 끊고 더 큰 믿음과 부요한 삶을 살 수 있도록 천재멘토 김열방 목사님과 김사라 사모님, 믿음의 선배인 박미혜 전도사님, 그리고 많은 천재작가와 사업가들을 만나게 하였습니다. 천재적인 사람들과의 만남은 내 인생을 변화시켰습니다. 그 결과 나 또한 천재적인 책을 쓰고 강연을 하고 사업가의 길을 가게 되었습니다.

꿈도 단순히 잠잘 때 꾸는 꿈이 아닌 현실적인 꿈으로 다 이루어지고 있습니다. 당신도 큰 꿈이 있어야 합니다. 큰 꿈을 가진 사람들을 만나야 합니다. 꿈과 믿음과 지혜는 서로에게 전염됩니다. 당신도 나처럼 천재작가와 강연가, 사업가와 자산가가 될 수 있습니다. 이 사실을 믿으십시오. 그대로 될 것입니다.

좋은 책 한 권을 만나면 천 년을 더 산 것 같다

당신은 책의 힘을 아십니까?

책에 당신의 이야기와 깨달음을 담으면 엄청난 힘을 발휘합니다. "좋은 책 한 권을 만나면 천 년을 더 산 것 같다"는 말도 있습니다. 좋은 책 한 권이 인생을 바꾸고 시대를 바꿉니다.

내 친구는 온전한 복음이 담긴 책을 한 권씩 읽기 시작했습니다. 처음으로 읽은 책이 〈천재멘토 김열방의 성령님과 실제적인 교제법〉이었고 〈자신의 가치를 백배로 증가시키는 비결〉〈낙천적 사고방식〉〈천국같이 살다가 천국으로 갑시다〉등등 많은 책을 읽으면서 성령을 체험하고 실제로 살아 계신 하나님을 인격적으로 대하게 되었습니다. 급한 성격 또한 차분해지면서 그의 인생에 많은 변화가 찾아왔습니다. 본인의 변화에 의해 자녀와의 갈등도 해결되고 사업장 또한 번창하고 있습니다.

온전한 복음을 깨닫고 친구 또한 구하는 많은 기도를 응답받고 있습니다. 끝에서 시작하라는 복음의 말씀을 듣고 가장 하고 싶었던 집을 먼저 사게 되었습니다. 성령님께서 예비하신 집을 사고 나니 나머지 문제도 하나씩 저절로 해결되었습니다.

요즘 친구는 이사한 집으로 나를 매일 초대합니다.

행복해서 얼굴에 웃음이 떠나질 않습니다. 이렇게 힘들어하던 친구가 복음이 담긴 책을 읽고 변화되는 모습을 보니 나 또한 행복하고 성령님께 감사를 드립니다.

예수 그리스도 온전한 복음이 담긴 책의 힘은 대단합니다.

당신도 나와 친구처럼 변화되고 싶다면 온전한 복음을 들어야 합니다. 온전한 복음을 듣고 소망의 기도가 아닌 믿음의 기도로 하나님의 부요함을 누려야 합니다.

이 집을 내게 주셨음, 감사합니다

당신은 어떤 집에 살고 있습니까?

몇 년 전 김열방 목사님이 50원짜리 동전 하나로 큰집을 사게 된 이야기를 설교 시간에 하셨습니다. 그 이후 성령님께서는 내 마음에 50평대 아파트에 대한 꿈을 불어넣어 주었습니다.

새로운 꿈이 생긴 것입니다. 나는 조만간에 50평대 아파트로 이사할 계획입니다. 지금 살고 있는 집보다 몇 배의 돈이 필요하지만 나는 전혀 걱정하지 않습니다. 지금까지 기도 응답을 받은 것처럼 끝에서부터 모든 일을 진행하면 된다는 깨달음이 있기 때문입니다. 얼마 전 믿음으로 50평대 아파트를 보고 왔습니다.

아파트에 들어서는데 가슴이 쿵쾅쿵쾅 뛰기 시작했습니다.

주차장엔 벤츠와 각종 외제차들로 가득했습니다. 깨끗하고 넓은 거실과 예쁜 주방이 한눈에 들어왔습니다.

"우와, 멋지다. 김열방 목사님께서 항상 말씀하신 우리 모두가 살아야 할 아파트가 바로 이런 곳이구나."

성령님께서 나에게 주신 꿈을 믿음의 눈으로 직접 보게 하신 건 또 다른 계획이 있다고 생각했습니다.

나는 "이미 이 집을 나에게 주셨음, 아멘" 하면서 믿음의 기도를 했습니다. 나는 받았다고 믿고 행복한 마음으로 기다립니다.

"예수께서 그들에게 대답하여 이르시되 하나님을 믿으라. 내가 진실로 너희에게 이르노니 누구든지 이 산더러 들리어 바다에 던져지라 하며 그 말하는 것이 이루어질 줄 믿고 마음에 의심하지 아니하면 그대로 되리라. 그러므로 내가 너희에게 말하노니 무엇이든지 기도하고 구하는 것은 받은 줄로 믿으라. 그리하면 너희에게 그대로 되리라."(막 11:22~24)

쉽게 많은 기도 응답을 받는 비결

기도 응답을 받으려면 어떻게 해야 할까요?

첫째, 말씀을 믿어야 합니다. 믿음은 바라는 것들의 실상이요 보이지 않는 것들의 증거라고 했습니다. 내가 할 수 없는 일들을 하나님이 이루신다는 것을 믿고 기다리면 됩니다.

둘째, 믿음의 기도를 하므로 구하여야 합니다. 아주 큰 믿음이 있다고 하여도 자신이 원하는 것을 구체적으로 구하지 않으면 아무런 소용이 없습니다. 나는 꿈의 노트에 꿈과 소원 목록을 적습니다. 그리고 아주 간절하게 한두 번 구합니다.

셋째, 받았다고 믿고 절대로 의심하지 말아야 합니다.

"언제쯤 기도 응답이 되는 걸까? 나의 기도를 들으셨을까?" 하며 조급해 하지 말고 믿음으로 구했으면 의심하지 말고 여유롭게 기다릴 줄 알아야 합니다. 조바심을 버려야 합니다. 하나님께 완전히 맡기면 바람처럼 기도 응답의 길로 이끌어 가십니다.

온유하고 겸손한 마음으로 순종하고 기다리면 많은 응답을 받을 수 있습니다. 나는 항상 자신감이 넘칩니다. 나는 말합니다.

"나는 사업가입니다. 나는 자산가입니다. 나는 천재작가가 되었고 온전한 복음을 전하는 복음전도자입니다. 나만의 시간을 이용해 조용히 앉아 책을 읽고 깨닫습니다. 그 깨달음을 책으로 써냅니다. 나는 정말 행복합니다. 매일 황홀합니다."

이런 이야기를 듣고 많은 사람들은 아니라고 합니다.

하지만 성령님은 그런 나의 꿈들을 이루어 주셨습니다. 지금도 많은 일들을 진행하고 있습니다. 정말 신기하고 놀라운 일들입니다. 당신도 힘들고 어렵다고 포기하지 말고 사람들이 상상할 수 없는 큰 꿈들을 가져야 합니다. 꿈은 당신과 내가 하는 것이 아니라 내 안에 가득히 계신 성령님이 이루어 주시는 것입니다.

나는 과거에 부요함을 누리지 못했기 때문에 하나님만을 바라볼 수밖에 없었습니다. 당신도 지치고 힘든 삶을 살고 있다면 다시 하나님만을 바라봐야 합니다. 그리고 내일에 대한 큰 꿈과 많은 소원을 가져야 합니다. 또한 믿음으로 하나님께 구해야 합니다. 그러면 하나님이 기적적으로 다 이루어 주십니다.

"너희가 내 이름으로 무엇을 구하든지 내가 시행하리니……"

(요14:13)라고 했습니다. 우리가 하나님 이름으로 무엇이든지 구할 때 그대로 된다는 말입니다. 우리의 힘이 아니라 하나님이 하시는 것입니다. 하나님은 우리의 기도에 책임을 지십니다.

몇 년 전 온전한 복음의 말씀들은 나의 삶에 큰 변화를 가져왔습니다. 예수님이 십자가에서 다 이루었다는 온전한 복음은 내게 완전히 새로운 생각과 말과 행동을 요구했습니다.

"다 이루었다 믿기만 하라. 성령님과 교제법, 크게 성공하는 비결, 큰 꿈을 가져라, 천국같이 살다가 천국으로 갑시다, 기도 응답비결"등 처음 듣고 놀랐던 많은 말씀들이 지금 나의 머릿속에 마구 스쳐 지나갑니다. 이러한 말씀을 듣고 나는 도저히 참을 수가 없어서 서울로 발걸음을 움직였습니다.

믿음으로 움직일 때마다 성령님은 더 큰 믿음과 순종을 요구하셨습니다. 때론 현상적인 부분으로 힘들 때도 있었습니다. 상황이 되지 않는데 성령님께서 많은 일들을 진행하라고 할 때 나자신과의 싸움에서 고집을 부려 보기도 하고 뒷걸음치기도 해보았지만 결국엔 성령님께서 모든 일에 순종하게 만드셨습니다.

혹시 당신도 어떤 일을 진행하는데 있어 성령님께서 당신에게 순종을 원한다면 고집 부리지 말고 성령님과 상의 후 바로 순종하기 바랍니다. 그러면 됩니다. 그럴 때 성령님은 기뻐하십니다.

시간이 지난 후에 당신 앞에 많은 꿈들이 실상으로 나타나 있을 것입니다. 그때를 상상해 보십시오. 기쁘지 않습니까? 크게 생각하십시오. 끝에서부터 시작하십시오. 큰 꿈과 많은 소원을 가지십시오. 없는 것을 있는 것처럼 믿음으로 말하고 꿈꾸십시오. 기도하고 구한 것은 받은 줄로 믿으십시오.

딸아, 내가 너의 삶을 이끌고 있다

나는 오랫동안 직장을 다녔습니다.

마음 같아서는 지금이라도 당장 사표 내고 나가고 싶지만 성령님의 지시가 있을 때까지 잠잠히 기다리고 있습니다. 직장 생활을 하면서 맡은 업무에 책임감 있게 일을 합니다. 하지만 하나님을 경외하는 사람으로서 부딪히는 문제들도 있습니다.

회식 문화, 야유회, 가끔은 동료와의 갈등 문제가 있습니다.

내게도 직장 동료와 오랫동안 심한 갈등이 있었습니다. 동료와 나는 참으로 많이 달랐습니다. 나는 업무적인 성과는 좋았지만 세상적으로 상사들을 만족시켜 드리지는 못했습니다.

그와 반대로 동료는 업무 성과는 부족하지만 상사들의 비위맞추는 건 그 누구도 따라갈 수가 없을 정도였습니다. 일반적으로 상사들은 "그 직원이 업무를 못한다고 지점이 문제 있는 건 아니니 그 정도는 눈감아 줄 수 있다"고 합니다.

나와 동료는 어떠한 계기로 인해 관계가 불편해졌습니다.

시간이 지날수록 관계는 더 복잡해졌고 많이 힘들었습니다. 개인적인 감정으로 인해 업무적인 부분까지 공유가 안 되다 보니 마음은 지쳐 가고 회사를 그만두고 싶다는 생각도 했습니다.

그럴 때마다 성령님은 동료를 더 많이 사랑하고 품으라는 말씀을 반복적으로 하셨습니다. 또한 회사를 그만 두는 문제에 대해서도 잠잠히 기다리며 말을 아끼라고 하셨습니다.

"딸아, 내가 너를 이끌고 있다. 너는 상대방을 사랑하고 품어야 한다. 내가 너의 마음을 다 알고 있다. 많은 사람들이 너를 존중하게 될 것이다. 너를 인정하게 된다. 잠잠히 기다려라"

성령님의 말씀에 동료를 품으려고 했지만 생각처럼 쉬운 일은 아니었습니다. 힘든 시간이 1년쯤 되었습니다.

지점에 새로운 상사가 부임했고 나는 또다시 마음에 상처를 입게 되었습니다. 그분은 서울에서 왔습니다. 관계가 좋지 않았던 동료와 가장 친한 친구가 모셨던 상사였습니다. 오면서 거짓된 많은 말들로 인해 나에 대한 편견이 좀 있었습니다. 그 동료는 직장에서 상상할 수 없을 정도로 지극히 충성스러웠습니다.

나는 왕비처럼 멋지게 살아야 하는 인생을 노예처럼 하녀처럼 살고 있었습니다. 그럼에도 불구하고 다른 때와 다르게 누가 나에 대한 편견을 가지던지 보이지 않는 곳에서 나의 말을 하든지 나는 전혀 신경 쓰지 않고 마음이 편안했습니다.

그런 일이 있을 때마다 나에게 더 좋은 일들이 있을 것만 같고 마음에 근심이 없이 평강이 넘쳤습니다.

시간이 지나고 성령님은 동료를 나의 옆자리에 자리를 옮겼습니다. 며칠간은 불편한 마음도 있었지만 둘의 관계는 아무 일 없었다는 듯이 재빠르게 회복되었습니다. 나는 하나님의 사람으로 말을 아낍니다. 회식 자리를 즐기진 않습니다.

하지만 직장에서 항상 자신감이 넘칩니다. 당당합니다.

직장에서도 앞으로 어떤 일이 진행될지 성령님은 믿음의 눈으로 보게 하십니다. 앞으로 놀라운 일들이 많이 진행될 것입니다.

많은 아픔을 겪었던 지난 1년이 지난 지금의 나는 엄청 큰 어른이 된 것만 같습니다. 생각의 그릇이 커지면서 마음의 그릇까지 엄청 커졌습니다. 하나님이 나를 큰 그릇으로 키우셨습니다.

하나님은 손이요 나는 장갑이다

하나님은 손이요 나는 장갑입니다.

장갑은 스스로 움직이지 못합니다. 그 장갑 안에 손이 들어갈 때 엄청난 힘과 재능을 발휘하게 됩니다. 성령님은 하나님의 춤추는 손과 같습니다. 성령님은 곧 하나님이십니다.

내 안에서 일하시는 전능하신 나의 성령님께 감사드립니다.

남편의 사업이 바빠지면서 나는 하루라도 빨리 직장을 그만두고 싶어졌습니다. 남편의 사업을 도우면서 직원들에게 일을 지시하고 좀 더 풍성한 나만의 시간을 갖고 싶었기 때문입니다.

나는 인수인계를 할 수 있는 기간을 정해 두고 사직서를 제출했습니다. 사직서는 다시 반려되었습니다. 성령님과 상의해 보니 내가 당분간 이 일을 계속 할 것이라고 하셨습니다.

몇 개월 전 성령님께서 내 마음에 회사가 인원 감축을 할 거라는 감동을 주셨습니다. 그런데 몇 달 전 많은 동료들이 직장을 잃는 아픔이 있었습니다. 또다시 우리 파트에 인원 감축이 있을 거란 감동이 있고 며칠 전에 상사로부터 그 소식을 접했습니다.

나는 퇴사하고 싶은 마음이 있었기에 '이 기회에 내가 나가고 싶다'는 마음이 있었지만 주님은 또다시 나를 붙잡아 놓았습니다. 그리고 놀랍게도 더 좋은 조건으로 일하게 하셨습니다.

내가 얼마나 이 일을 할지는 모르지만 하는 동안에는 최선을 다할 것입니다. 성령님과 동업하면서 믿는 자가 믿지 않는 자와 어떻게 다른지 보여줄 것입니다. 성령님의 음성을 듣고도 현상적인 것을 좇아가면 마음이 불안하고 초조합니다.

미래는 육신의 눈에 보이지 않는다는 걸 알아야 합니다. 믿음의 눈으로만 볼 수 있습니다. "믿음은 바라는 것들의 실상이다"라고 했습니다. 오로지 성령님의 음성에만 민감해야 합니다. 그러면 당신도 나처럼 많은 복을 받을 수가 있습니다.

기도하고 구한 것은 받았다고 마음으로 믿고 입으로 시인하십시오. 그리고 어떠한 역경이 오더라도 백배로 크게 생각하며 절대로 두려워하지 마십시오. 지금도 변함없이 성령님께서 나를 이끌고 있다는 확신을 가지십시오. 그분은 결코 당신을 떠나지 않고 버리지도 않으십니다. 인생은 반드시 꿈대로 다 됩니다.

당신은 나처럼 모든 일에 자신감이 넘쳐야 합니다. 또한 모든 일에 하나님의 지혜가 넘치고 있다고 믿어야 합니다. 당신과 함께 하는 성령님으로 인해 당신이 하는 모든 일이 잘되고 있다고 믿어야 합니다. "복 있는 사람은 그 행사가 다 형통한다"고 했기 때문입니다. 전지전능하신 성령님은 지금도 당신의 작은 신음 소리조차 기억하고 모두 응답하고 계십니다.

물론 때와 기한은 언제인지 아무도 모릅니다. 하지만 하나님은 가장 좋은 때에 응답하십니다. 그러므로 한 번 기도하고 구한 것은 받았다는 믿음으로 감사의 기도를 해야 합니다.

받았다고 완전히 믿어야 합니다.

나는 기도 응답을 하루 만에 받은 것도 있고 며칠 만에 받은 것도 있습니다. 몇 달씩 기다린 부분도 있고, 남편의 사업장은 1년 만에 받았습니다. 50평대 아파트는 몇 년 동안 꿈꿔 왔지만 얼마 전 믿음으로 아파트를 보고 왔습니다.

이제 곧 이사 가게 될 것입니다.

"이사했음, 감사합니다."

당신도 오직 믿음으로 전진해야 합니다.

손에 쟁기를 들고 절대 뒤돌아보지 말아야 합니다. 부요한 믿음으로 기다려야 합니다. 그러면 성령님께서 모든 것을 다 채워 주십니다. 얼마 전에 성령님께서 내게 이렇게 말씀하셨습니다.

"사랑하는 나의 친구여, 우리함께 온전한 복음 안에서 맘껏 행복하게 달려가자. 다윗처럼 나만 바라보며 나와 함께 일평생 친구처럼 살자. 사랑한다, 나의 영원한 친구여."

나는 사업가와 자산가의 길을 간다

당신은 어떤 상상을 하고 어떤 꿈을 꿉니까?

미국의 언론인이자 칼럼니스트인 윌리엄 아서 워드(William Arthur Ward)는 "상상하면 성취할 수 있고 꿈꾸면 그대로 될 수 있다"고 말했습니다. 내가 바로 그런 꿈꾸는 사람입니다.

지금은 100세 시대라고들 합니다. 그렇다면 50세까지는 인생 1막에 불과합니다. 나는 인생 2막을 전능하신 하나님과 함께 믿음의 모험을 하겠다고 마음먹었습니다. 그래서 나의 미래를 마음껏 상상하고 꿈꿉니다. 인생은 꿈대로 믿음대로 다 됩니다.

나는 믿음이 아주 큽니다. 나의 진짜 재산은 믿음입니다.

나는 한번 기도하고 구한 것은 받았다고 믿습니다. 그렇기 때문에 반드시 내가 기도하고 구한 그대로 된다고 확신합니다.

잠언 23장 7절에 "대저 그 마음의 생각이 어떠하면 그 위인도 그러한즉"이라고 했습니다. 지금 당신이 알고 있는 나의 모습이 전부가 아닙니다. 현재의 내 모습은 잠깐 있다 지나가는 허상입니다. 나는 내가 상상한 것과 꿈꾼 대로 매일 바뀌고 있습니다.

나는 날마다 더 좋은 부모, 더 좋은 남편, 더 좋은 건축가, 더 좋은 작가, 더 좋은 강연가, 더 좋은 사업가, 더 좋은 자산가가 되고 있습니다. 당신의 인생은 얼마나 발전하고 있습니까?

아브라함 같은 믿음의 조상이 되라

내게는 하나님이 계시고 원대한 꿈이 있습니다.

또한 나는 내 인생에 대해, 전능하신 하나님이 이끌고 계신다는 믿음이 있습니다. 그래서 나는 아브라함처럼 믿음의 모험을 합니다. 당신도 부모라면 아브라함처럼 하나님과 동행하며 큰 꿈을 품고 믿음의 모험을 하는 믿음의 조상이 되어야 합니다.

나의 아버지는 세브란스의대 2학년 재학 중 6.25 전쟁이 터져 의무행정장교로 군에 입대하여 장기 복무를 하셨고 어머니는 초등학교 교사였습니다. 아버지는 고등 교육을 받았고 좋은 조건을 가졌지만 전쟁 후유증으로 의대 복학을 하지 못하였습니다.

그때부터 아버지는 사업을 하기 시작했습니다.

첫 사업은 동업자가 문제를 일으켜 전 재산을 날렸습니다.

아버지는 잃어버린 재산을 찾기 위해 다시 사업을 시작하였지만 가세는 점점 더 기울어졌습니다. 아버지는 잦은 사업의 실패로 크게 낙심하셨고 재기하려는 의욕마저 잃고 말았습니다.

어머니는 가난에서 벗어나 부자가 되게 해 달라고 새벽기도회마다 울며 기도하시고 매일 식당으로 출근하셨습니다. 교사였던 어머니가 가족을 위해 생전 해보지 않은 일을 하셨습니다.

가정이 부요할 때는 5명의 형 누나들은 돈의 귀중함을 모르고 썼으며, 가난할 때는 부모님을 원망하고 자신의 처지를 한탄하여 늘 사고를 쳤습니다. 지금은 다들 지혜롭게 살고 있습니다.

세상의 학력, 지위가 좋은 부모의 조건일까요? 그렇지 않습니다. 좋은 부모의 조건은 가족의 행복과 자녀의 바른 성장을 위해 노력하고 책임과 의무를 가져야 합니다. 또한 가족을 위해 헌신할 수 있는 마음과 실천을 해야 합니다. 그래서 나는 좋은 부모가 되기 위해 경제적으로 안정을 가질 수 있도록 직장 생활을 열심히 했고 돈을 쓰지 않고 부지런히 모았습니다.

돈만 있다고 좋은 부모가 되었을까요? 아닙니다. 직장에서 충성을 하다 보니 가정에서의 아버지의 역할을 하지 못했습니다. 돈만 있으면 좋은 부모가 되는 줄 알았는데 돈을 쫓다 보니 가족과 떨어져 있는 시간이 함께한 시간보다 더 길었습니다.

나는 진짜 좋은 아버지가 되기 위해서 이제 직장 생활을 그만하고 사업을 시작했습니다. 그래서 경제적인 안정을 누리며 사랑하는 가족과 함께 생활하고 있습니다. 매일 매일 아이들이 깨고 잠자는 것을 볼 수 있어 너무 행복합니다.

나는 하나님께 재물 얻을 능을 받았다

당신의 꿈을 자녀가 대신 이루기를 원하십니까?

그럴 필요 없습니다. 당신의 꿈은 당신이 이루고 자녀의 꿈은 자녀가 이루는 것이 하나님의 뜻입니다. 하나님은 각자의 꿈을 다 이루어 주십니다. 당신의 꿈을 자녀에게 넘기지 마십시오.

나는 가난한 환경 속에서 자랐지만 나만 특이하게 아버지나 형 누나들의 본을 받지 않았고 성실 근면하였습니다. 나는 낙천적이어서 그런지 하나님께서 가난에서 벗어나게 해 주실 것을 믿었습니다. 그리고 지금은 실제로 가난에서 벗어났습니다.

하나님은 나에게 지혜의 은사와 찬양의 은사를 주셨습니다. 공부를 열심히 하지 않았지만 학교에서 성적은 상위였고 교회에서는 찬양 리더와 지휘로 봉사하게 되었습니다. 성악을 전공하고 싶었지만 아버지의 못다 이룬 의과대학에 원서를 냈습니다.

그러나 나의 꿈과는 상관없이 1지망 의대는 떨어지고 2지망 건축공학과에 합격했습니다. 집안이 가난했기 때문에 빨리 졸업을 해서 돈을 벌고자 의대를 재도전하지 않고 건축공학과에 입학을 하였습니다. 아버지가 원하시는 의대는 가지 않았지만 공부를 하니 건축이 너무 재미있고 적성에 맞았습니다.

하나님은 내게 재물 얻을 능을 주셨습니다. 나는 학교를 다니면서 장학금을 받고 공사 현장과 공장에서 아르바이트를 하여 번 돈으로 4년 동안 학비와 생활비를 충당하며 부모님을 모시고 살았습니다. 덕분에 부모님은 경제적인 부담을 덜게 되었습니다.

당신에게도 하나님이 주신 재물 얻을 능이 있습니다.

지금부터 돈을 벌겠다고 마음먹고 일하면 얼마든지 원하는 돈을 벌 수 있습니다. 한 달에 50만 원, 백만 원만 아니라 5천만 원, 일억, 십억도 벌수 있습니다. 생각을 크게 하십시오. 기왕 하나님께 구할 거라면 큰 것을 구하십시오. 하나님은 당신이 달란트 단위의 장사를 하기 원하십니다. 한 달란트는 15억입니다. 최소한 한 달란트 곧 15억 정도를 굴리는 사업가가 되어야 합니다.

결혼했으면 부모를 떠나 독립해야 한다

당신은 주변의 환경이 부담스럽지 않았습니까?

나는 부모님을 모셔야 한다는 강박감 때문에 어떻게든 군대를 면제 받고 싶었습니다. 당시 가정 형편이 어려우면 군대를 면제 받는 의가사제도가 있었습니다. 졸업 후 의가사 신청을 했으나 미 자격으로 서류에서 떨어져 강원도 인제 공병대대에 입대를 했습니다. 4년 동안 열심히 준비하고 노력했지만 계획대로 되지가 않았습니다.

나는 입대하면서도 부모님이 걱정되어 차마 발길이 떨어지질 않았습니다. 그렇지만 내가 없는 동안에 부모님은 분식집을 하시면서 생계를 이어가고 있었습니다. 제대 후 전국에서 제일 좋은 LG건설회사에 합격했지만 부모님과 떨어져 근무할 수 없어 포기를 하였고 대구에 있는 작은 회사에 입사를 했습니다.

결혼할 때 결혼 비용을 마련하기 위해 직장 생활 외 아르바이트를 해서 최소한의 비용을 마련했고 부모님이 거주 하실 집, 사업장까지 책임져야 했습니다. 살아 계실 때는 물론이거니와 장례식까지 막내인 내가 혼자서 손수 치렀습니다.

나는 많은 자식이 있지만 외롭게 사시는 부모님을 보면서 잘해야 된다는 생각을 했습니다. 내 인생에 있어 부모님은 영원히 공경의 대상이었습니다. 나를 낳아 주고 길러 주신 부모님이 중요한 과정마다 걸림돌이 되었지만 인간적인 생각이 앞서 나를 포기하면서 살았습니다. 그런 나의 행동이 최선이었을까요?

부모님은 내가 아니어도 충분히 살 수 있었습니다. 그러나 나의 일방적인 효도가 부모님을 나약하고 나태하게 만들었습니다. 부모님은 나를 전적으로 의지하셨습니다. 나는 결혼을 했으나 부모님으로부터 진정한 독립을 하지 못했습니다.

당신도 지금 환경으로부터 독립하지 못하고 있습니까?

벗어나십시오. 당장은 힘들겠지만 본토 친척 아비 집을 떠나 새로운 세상에서 날개를 활짝 펴 보십시오.

나는 여호와를 경외하는 여인과 결혼했다

당신은 어떤 사람과 결혼했습니까?

나의 인생에서 가장 잘 한 것은 지금의 아내와 결혼한 것입니다. 믿음의 가정에서 태어났고 하나님과 동행하는 삶을 꿈꾸고 실천하는 바른 신앙의 자매였습니다.

아내를 만나게 된 것은 전적으로 하나님의 계획과 섭리가 있었고 큰 은혜였습니다. 대학교 4년 간 성가대, 교사, 대학부에서 봉사했던 교회에 제대 후에도 직장 생활을 하며 하나님을 잘 섬기고 있었습니다.

예전의 건축 현장은 주일과 공휴일에도 근무를 했습니다.

내가 다니던 작은 교회는 11시 예배만 드려서 근무 중 잠깐 나와 예배를 드리기가 어려웠습니다. 그러다 보니 자연 주일 성수가 어려워졌습니다. 그러던 중 교회 후배가 동신교회에 가서 말씀을 들어보자고 했습니다. 동신교회는 큰 교회여서 4부 예배를 드렸고 저녁 예배와 청년부, 대학부 예배가 따로 있었습니다. 근무 중에 잠시 나와 주일 성수하기에 좋은 조건이었습니다.

대예배를 드린 후 청년부에 등록을 하게 되었습니다. 청년부는 1부 예배와 2부 조별 성경공부 시간으로 나누어 진행했습니다. 아내는 리더로 섬겼고 나는 조원으로 함께 성경공부를 했습니다. 많은 대화를 나누지 않았지만 볼 때마다 내 안의 나를 보는 것 같았고 안 보면 궁금하고 보고 싶고 보면 갈증이 해갈되는 느낌이었습니다.

성경공부 때나 예배를 마친 후에 차를 마시면서 대화할 때마다 성경에 대한 해박한 지식과 때 묻지 않은 순수함과 여성스러운 자태에 마음이 이끌려 자연스럽게 데이트를 신청하였고 결혼을 약속하였습니다. 그러나 결혼은 당사자끼리만 하는 것이 아님을 그때 깨달았습니다.

나의 가정 상황을 잠시 잊고 있었습니다. 장인, 장모님은 장로, 권사로 명성이 나 있는 분들이셨고 4대에 걸쳐 믿음의 뿌리를 내린 독실한 기독교 가정이었습니다.

결혼 허락을 받기 위해 집에 가서 인사를 드렸지만 결혼을 위해 인내와 기도가 필요했습니다. 장모님은 신앙과 경제적으로 부족한 나의 가정으로 인해 1년 간 눈물의 기도와 심적인 고통을 감수하셨습니다. 결국 허락을 해 주셨고 마침내 사랑하는 아내와 결혼하게 되었습니다. 그녀는 두 명의 자녀를 낳고 믿음 안에서 잘 양육시킨 정말 지혜롭고 현숙한 여인입니다.

나는 자식들에게 결혼하기 위한 행복한 가정환경과 물질의 여유로움과 굳건한 신앙을 유산으로 주려 노력하고 있습니다.

자녀 한 명은 100조 원의 재산 가치가 있다

당신은 자녀를 통해 어떤 변화가 있었습니까?

자녀는 한 명당 100조 원이 넘는 대기업입니다. 나는 200조 원의 대기업을 거느리고 있습니다.

타지 현장 근무로 자녀들과 함께 있는 시간이 부족하였고 대화도 제대로 나누지 못해 늘 미안한 마음을 가지고 있었습니다. 태어나 어릴 때나 성격이 형성되는 중요한 시기마다 아버지의 빈자리를 하나님께서 채워 주셨습니다.

하나님은 결혼 후 2년이 지나 귀한 선물인 아들 '이레'와 3년 뒤 딸 '미나'를 주셨습니다. 나의 열심과 노력 없이 하나님의 은혜로 아이들은 건강하고 지혜롭게 자랐습니다. 이레는 어릴 적부터 성경암송대회에 참여하여 유치부부터 장년부까지 전 부서의 성경 구절을 암송하였고 영어와 중국어 회화를 구사하였습니다.

초등학교 1학년 때 사이판으로 어학 캠프 겸 선교 여행을 혼자 갔으며 3학년 때는 엄마와 동생과 함께 미국 여행을 두 달간에 자유롭게 하였습니다. 미나는 감성이 풍부하고 감정의 표현력과 뛰어난 감각을 가졌고 가는 곳마다 모든 이들에게 즐거움과 기쁨을 선사하는 재능을 가졌습니다. 요셉이 태어난 후에 야곱이 하나님의 축복을 더 많이 받은 것처럼 나도 자녀가 태어난 후에 더 많은 축복을 받게 되었습니다.

군 제대 후 친구 아버지 회사에 창업 멤버로 입사했습니다. 장로님께서는 나를 아들처럼 생각하셨고 나 또한 최선을 다해 열심히 일을 했습니다. 그러나 아내는 친구 회사에 있는 것을 못마땅하게 생각했습니다. 친구가 아버지 회사로 오게 되었고 가장 친한 친구와 노사 관계는 있을 수 없다는 것이었습니다.

연초 교사 기도회 때 아내는 "남편이 직장을 옮기길 원합니다"라고 기도 제목을 말했습니다. 나는 당황 했지만 별로 신경 쓰지 않았습니다. 부장 집사님께서 경력자 원서를 내게 하셨습니다.

나는 마음에 썩 들지 않았지만 원서를 낸다고 합격이 보장되는 것은 아니라는 아내의 말에 원서를 냈습니다. 회사는 다니고 있었고 원서는 낸 상태라 합격이 되면 자식처럼 생각하는 사장님께 말씀드리기가 곤란했습니다. 그때 아내는 "하나님이 알아서 해 주실 거예요. 걱정하지 말아요"라고 했습니다.

IMF가 왔고 회사 사정이 좋지 않아 사장님은 나에게 회사를 나갈 것을 말했습니다. 나는 엄청 실망했습니다.

그러나 아내는 "잘 됐다"고 했습니다. 그리고 1주일 뒤 대구에서 백화점과 종합건설회사를 함께 운영하는 1군 화성산업에 경력 직원으로 채용되었습니다. 하나님께서는 나를 대구에서 제일 큰 종합건설회사로 옮겨 주셨습니다.

나는 큰 공사 현장을 많이 경험했다

당신은 평생 어떤 일을 했고 남긴 것은 무엇입니까?

나는 졸업 전 건축기사 1급 자격증을 취득하였고 군 입대 후 강원도 인제에 위치한 공병대대에서 공사 담당으로 업무를 보면서 군부대현대화시설공사를 하였고 병사들이 현대화 막사를 이용하는 편의를 제공하고 사기를 충전시켰습니다.

군대에서 경험한 실적이 제대 후 건설회사에 입사해서도 많은 영향을 받게 되었습니다. 25년간 근무하면서 12개의 다양한 건축물을 시공하였습니다. 경기도 수원부터 제주도까지 두루 다니면서 다루었던 많은 건축물들을 돌아보니 강산이 두 번 바뀌었고 많은 변화가 있었던 것 같습니다.

수원시에 있는 서울대 농대에 최첨단이자 국내 최초인 유리온실을 시공하였습니다. 온도와 습도를 자동으로 제어하여 여러 농작물이 자라기에 최적의 환경을 조성시켜 고소득의 재배를 하고자 하는 목적으로 유리창 자동개폐 및 내부 천정 암막용 수평스크린자동개폐시설로 정부의 지원을 받은 공사였습니다.

화성산업에 경력직으로 입사하여 발령받은 첫 현장은 경북 포항시에 위치한 백화점 공사였습니다. 북부해수욕장 근처에는 지하수위가 높은 관계로 지하1층 터파기도 공사를 꺼렸는데 자회사 백화점을 지으면서 지하 4층 깊이의 터파기와 지상 철골 조립을 동시에 진행하는 탑다운(Top Down)공법과 지하20m 터파기용 차수 벽공사인 슬러리월(Slurry Wall)공법, 백화점 외벽마감

재인 타일PC공법 등 최첨단 신공법이 적용된 공사로 건축전공자라면 누구나 경험하고 싶은 대형 프로젝트였고 많은 자료를 축적할 수 있었습니다. 아쉬운 것은 마감 무렵 IMF가 와서 자금 부족으로 매각을 하게 되어 준공을 볼 수 없었지만 현재는 롯데백화점으로 성업 중에 있습니다.

포항에서 철수 후 대구시 북구에 위치한 칠곡 3지구로 주택공사에서 택지를 조성한 땅으로 그중 일부를 매입하여 8개동 1120세대의 자체 브랜드 아파트 건립공사에 참여하였습니다. 주차장은 PC공법을 적용한 아파트로 현재는 그 지역에서 인지도가 높은 아파트로 명명되고 있습니다. 아파트 분양 성공으로 주변 4개 현장에 추가로 아파트를 짓게 되었고 많은 흑자를 거두게 되어 회사 성장에도 도움을 준 현장이었습니다.

다음으로 발령받은 현장은 대구 시내 중심가 지하에 지하철 1호선 상부 공간을 개발하여 상가와 주차장을 조성하는 공사로 삼성, 코오롱, 대우, 화성 4개 회사 각사가 300억 씩 총 1200억의 자금을 선투입하여 매장, 전시장, 주차장을 조성하는 공사로 완공 후 20년간 분양하여 임대 수입금으로 투자비를 회수하고 20년 후 대구시에 기부 채납하는 민간투자사업이었습니다.

공간개발 계획 및 기획단계에 투입되어 건축평면계획과 설계 검토업무를 보면서 개발사업공사에 대한 경험을 축적하게 되었고 시공사례조사를 위해 일본에 견학을 가서 시설 및 이용 현황을 보기도 하였습니다.

지금은 반월당 지하 공간개발로 모든 상가가 분양되어 성업 중에 있고 주요 장소마다 여러 형태의 공연을 하며 볼거리를 제공하고 있고 주변에 고층 빌딩과 백화점이 입점하여 진입하는 주통로로 활용되고 있습니다. 노출된 빈 땅에 건물을 짓다가 보이지 않는 지하에도 건물을 지어 여러 사람들에게 보다 나은 삶의 질을 제공하는 사업이었습니다.

다음으로 경북 칠곡군 북삼면에 택지를 조성하고 자체 아파트 공사를 신축한 현장으로 당초 산줄기인지 지하 터파기할 때 강한 암이 드러나 토공사시 발파공법으로 절취하다 보니 소음으로 인한 민원도 많이 발생한 공사였습니다. 세월이 흘러 준공을 하였고 분양받은 분들을 입주시켰습니다. 아파트 신축으로 인해 주변 진입 도로가 확장되었고 환경도 업그레이드되어 지역 주민들에게도 쾌적한 환경을 제공할 수 있었습니다.

잔여 업무를 보던 중 예전에 안동시에 당사가 시공한 국학진흥원 건물 뒤에 2차 공사인 유교문화전시관박물관을 수주하여 발령이 났습니다. 집에서 110km 떨어진 안동시에서도 20km 더 들어가는 안동댐 상류 고지대에 위치한 현장이었습니다.

경북 안동시에 가면 유교 문화와 관련한 문화재 자료가 경북 여러 지역에 분산되어 있어 분실, 도난, 잘못된 보관 방법으로 유실되는 등 관리가 제대로 되지 않는 실정이었습니다.

그 대책으로 안동댐 상류 지역 산기슭에 국학자료 박물관인 유교문화전시관박물관과 장판각 2동을 지어 여러 지역의 문화재를 한곳에 집적시켜 자동제어로 온도와 습도를 조절하여 비치, 보관, 전시, 관람, 교육, 집회, 공연 등 다목적으로 활용되는 경북의 주요 시설로 안동댐의 정취와 공기를 만끽할 수 있는 수련의 과정이었습니다. 산골짜기에 지하 터파기공사를 할 때는 신기술인 암 절취공법이 적용되었으며 공사 기간은 2년 6개월 걸린 다소 힘든 공사였습니다.

다음으로 아파트 2개 현장과 이후 수자원공사에서 발주한 정수장 2개 현장, 대구시 중심가에 연구소 빌딩과 판매 시설 빌딩 공사에 참여하여 준공 2개월 앞둔 어느 날 제주도로 발령을 받고 제주도행 비행기를 타게 되었습니다. 남북 간 주도로인 평화로를 운전하여 한라산을 넘어 서귀포시 안덕면 남서쪽에 위치한 오설록 녹차 밭 동측에 위치하였습니다.

제주도개발센터(JDC)에서 130만평의 택지를 조성하고 향후 민간업체에 분양하여 호텔, 카지노, 놀이시설, 캠핑야영장, 리조트 등 각종 시설을 유치할 목적으로 조성된 택지로 그 중 3만평 대지에 항공우주박물관이 조성되었습니다.

공군에서 발주한 공사로 제주시와 JDC가 합작으로 참여하여 관리 운영하는 상호 계약이 체결된 항공우주박물관건립공사를 5개사가 공동으로 수주하여 시공한 현장으로 전체 공사 기간이 27개월 이었으나 발주처의 잦은 설계 변경으로 공기가 연장되어 공사 기간이 40개월로 늘어나게 된 건축공사 중 가장 오래 체류한 공사였습니다.

미국에 있는 스미스소니언 항공우주박물관과 일본을 롤 모델로 삼은 설계로 지상3층 높이 25M의 건물로 1950년도부터 최근까지 노후된 비행기 40대를 공군에서 제공하여 내부에는 소형비행기를 공중으로 부양하여 전시하고 외부에는 대형비행기를 바닥에 전시하였고 1층과 2층에는 입체영화관, 각종 주제별 전시관, 교육관 지상 3층은 사무실과 음식점, 판매점을 배치하였고 30m 높이에 전망대를 조성하여 주변에서 가장 높은 곳에서 사방으로 자연을 보게 하였습니다.

또한 JDC는 매년 제주도를 방문하는 관광객이나 단체 졸업여행을 오는 학생에게 저렴한 가격으로 숙박을 하면서 주변에 있는 오설록 녹차박물관, 유리의 성, 소인국테마파크, 생각하는 정원 등을 동시에 관람할 수 있도록 계획하였습니다.

사업 성격상 항공우주박물관은 수익성 보다는 향후 인재 발굴을 위한 공공성을 띤 사업으로 시작하였으나 JDC의 상업성에 3층 공간을 음식점과 판매 매장 확보를 위해 무분별한 잦은 설계 변경으로 공기가 1년 이상 늘어났습니다. 덕분에 공사에 참여한 직원들도 예정보다 1년 이상 머물게 되었고 나도 계획보다 많이 늦은 39개월이 지나서 대구로 복귀하였습니다.

현재는 대구시 북구 노후된 지역에 재건축아파트를 수주하여 100퍼센트 분양시킨 1640세대의 8개동 40층 초고층아파트현장에서 근무하고 있습니다. 이 현장은 지방회사로는 처음으로 초고층 아파트를 짓게 되었고 분양 후 프리미엄이 많이 올랐습니다.

나는 종합건설 위주의 경험을 하고 싶었지만 화성산업은 아파트와 백화점공사를 주로 하는 회사였습니다. 그러나 내가 입사한 후 하나님께서는 나를 종합건설 위주의 현장에 발령을 내셨고 지방에 있는 건설 회사지만 전국에 있는 큰 회사들만 경험할 수 있는 대형 공사에 참여하게 하셨습니다. 나에게는 큰 행운이었고 실적을 쌓을 수 있는 기회였습니다.

나는 천재건축가와 사업가의 길을 간다

당신은 직장 생활에 만족하십니까?

나는 처음 발령을 받고 현장에 가면 아무것도 없는 텅 빈 대지만 있었습니다. 건축은 한 마디로 정의하면 '무'에서 '유'를 창조하고 아름다운 공간을 조성하여 사람들을 보호하는 기능이 있습니다. 또한 안에서 편하게 활동할 수 있는 장소를 제공하는데 목적이 있습니다. 나는 건축을 통해 사람이 살아가는데 쾌적함과 많은 서비스와 유익을 끼치므로 국가와 사회 발전에 이바지를 한다는 점에서 큰 자부심을 갖고 있습니다.

나는 25년간 직장 생활을 하다 보니 정상적인 가정생활을 하지 못했습니다. 신혼여행 후 보름 만에 아내와 헤어져 생활했고 경기도 수원시, 경북 포항시, 경북 안동시, 경북 구미시, 제주도 등 외지에서 근무하다 보니 결혼 생활의 삼분의 이 이상을 떨어져 살게 되어 남편과 아버지의 역할을 제대로 하지 못했습니다.

특히 출산 후 가장 힘든 유아시기에 아내 곁에서 도움을 주지 못한 것이 지금도 가슴 아픕니다. 제주도에 근무할 때는 아들과 딸의 사춘기 시기 때 곁에 있지 못해 아들에게 격려와 힘을 실어 주지 못했고 딸의 아픔을 어루만져 주지 못했습니다. 그때는 아주 적은 월급으로 인해 경제적으로도 여유롭지 못했습니다.

나는 결단을 하게 되었습니다. 회사 발전이라는 명목 아래 나와 가족을 희생한 지난 세월을 돌이켜 보며 회사를 떠나 건축가, 자산가, 사업가로 새롭게 출발하기로 했습니다.

무엇보다 그동안 나를 돌아볼 시간이 부족했습니다. 그런 빠듯한 직장 생활은 나의 신앙생활에도 영향을 미쳐 성령님과의 깊은 교제를 나눌 여유가 없게 했습니다. 그러나 이제는 매일 매일 성령님과 교제를 하면서 얻은 깨달음을 책으로 쓰고 있습니다.

당신은 지금 어떤 삶을 살고 있습니까? 진정으로 행복하십니까? 인생은 한번뿐입니다. 두 번 다시 오지 않습니다. 사랑하는 아내와 자녀들과 보낼 수 있는 시간도 다시 돌아오지 않습니다. 그런 소중한 인생을 회사를 위해 모든 것을 희생하며 봉급자로 살다 끝낼 것입니까? 아니면 회사 생활을 졸업하고 더 크고 새로운 꿈을 가질 것입니까? 인생은 봉급자만 있는 것이 아닙니다.

봉급자, 자영업자, 사업가, 자산가, 천재의 길이 있습니다. 학교도 유치원, 초등학교, 중학교, 고등학교, 대학교로 진학합니다. 사회생활도 하나의 수준에서 3년, 4년, 6년을 지냈으면 졸업하고 더 높은 수준으로 발돋움해야 합니다. 나는 그동안 직장 생활에 충실했습니다. 정말 열심히 성실히 일했습니다. 그리고 이제는 졸업하여 이렇게 책을 쓰는 작가, 그리고 내 사업을 하는 사업가, 땅과 빌딩을 사들이는 자산가의 길을 가고 있습니다.

당신도 작가와 강연가, 사업가와 자산가의 길을 가십시오.

집밥은 백만 원짜리다. 귀하게 여기라

당신의 건강 상태는 어떻습니까?

나는 지방에서 근무할 때면 '3식2참'을 회사에서 먹었고 집에서 출·퇴근할 때는 '2식2참'을 회사에서 먹었습니다. 새벽 5시에 출근을 하고 그날 일정에 따라 퇴근도 늦었습니다. 그러다 보니 저녁을 집에서 먹는 날이 많지 않았고 식탁에서 가족과 둘러 앉아 먹는 날은 거의 없었습니다.

나는 조미료가 듬뿍 들어간 음식을 매일 먹었고 채소보다는 육식 위주의 음식을 즐겨 먹었고 포만감을 느낄 때까지 많이 먹었습니다. 제주도에 가면 누구나 한번쯤 돼지고기 오겹살을 찾게 됩니다. 가격은 육지에 비해 다소 비싸지만 육질이나 신선도에 있어서는 따를 수가 없습니다. 식당마다 다양한 요리법과 소스를 이용하여 입맛을 돋우는 메뉴를 많이 만듭니다.

나는 서울목자교회 김열방 목사님의 설교를 듣기 전이라 직원들과 퇴근 후에 잦은 회식이 있었고 그때마다 식당을 옮겨 다니며 오겹살을 즐겨 먹었습니다. 식비를 따로 주는 것이 아니라 먹은 영수증을 제출하는 방식이라 몸에 좋다는 보양식부터 말고기, 돼지고기, 해산물과 탕을 매일 저녁 먹었습니다.

3개월 정도 지나자 신체에 변화가 생겼습니다. 배가 나오고 허리와 목둘레가 굵어지고 몸무게가 7kg이나 늘어났습니다. 매년 받는 건강종합검진 결과 과체중 비만에 콜레스테롤 수치도 높게 나왔고 고지혈증으로 인한 알츠하이머 가능성이 높았습니다.

그러다 김열방 목사님으로부터 '곡채과소양가생' 곧 성경에서 말하는 깨끗한 음식만 먹으라는 말씀을 듣고 깨달음을 얻은 후

돼지고기는 완전히 끊고 신선한 음식을 섭취했습니다. 당신도 나처럼 곡식, 채소, 과일, 소고기, 양고기, 가금류, 생선을 먹으면 날씬해지고 건강해집니다. 병이 안 생깁니다.

저녁마다 운동을 한 결과 몸무게가 8kg이나 줄었고 허리도 28인치로 줄었습니다. 결혼 전처럼 팔에 근육과 배에 복근이 생겼고 날씬한 몸매를 유지하게 되었습니다. 올해 건강종합검진 결과 정상 체중에 근육 함량이 많아졌고 콜레스테롤 수치가 정상으로 돌아왔고 고지혈증이 사라졌습니다. 정말 놀라운 일입니다.

당신도 성경에서 말하는 깨끗한 음식을 드십시오. 그러면 몸이 가벼워지고 건강해집니다. 밖에서 사 먹는 것을 최대한 줄이고 집에서 가족과 함께 식사하는 것을 귀하게 여기십시오. 밖에서 아무리 비싼 음식을 사 먹어도 집밥만 못합니다. "집밥은 백만 원짜리다"라고 말하고 아내에게 억만 번이나 감사하십시오.

천국같이 살다가 천국으로 갑시다

당신은 변화된 삶을 살고 있습니까?

제주도 공사를 마치고 돌아온 뒤 2013년 12월 31일 송구영신 예배를 가족과 함께 서울목자교회에서 드렸습니다. 김열방 목사님의 설교는 내게 신선한 충격으로 다가왔습니다. 그때 결심하고 아내와 함께 매주 아침 일찍 여행하듯이 고속도로를 3시간 달려 즐겁고 기쁜 마음, 설레는 마음으로 예배를 드렸습니다.

늘 피곤에 절어 있던 내가 매주 7~8시간을 고속도로를 달려도 피곤하지 않았습니다. 토요일 야근으로 늦은 퇴근을 해도 아침 5시 30분에 일어났으며 하행 길은 고속도로가 많이 막혀 10시가 되어 도착해도 다음날 출근을 가뿐하게 했습니다. 너무 신기했습니다. 처남댁이 나에게 "고모부님은 우리가 대구를 가면 피곤해 하셨는데, 오히려 고모부님이 서울에 오시니 피곤해 하지 않으시네요"라고 했습니다.

나는 지금 예수 그리스도 온전한 복음으로 인생이 바뀌었습니다. '죄목병가어징죽'을 버리고 '의성건부지평생'으로 행복하게 살고 있습니다. 이전까지 교회를 다니면서도 죄, 목마름, 병, 가난, 어리석음, 징계, 죽음의 문제에 대하여 완전히 자유하지 못했습니다. 그러나 지금은 예수 그리스도로 말미암아 나는 의인이고 성령 충만하고 건강하고 지혜롭고 부요하고 평화와 생명을 가지게 되었습니다.

이것은 천국같이 살다가 천국으로 가는 놀라운 하나님의 은혜의 복음입니다. 이러한 귀한 복음을 깨닫게 해 주신 김열방 목사님을 만나 너무 행복합니다. 당신도 나와 함께 천국같이 살다가 천국으로 갑시다.

하나님이 맺어 주신 믿음의 동역자들

당신은 믿음의 동역자를 가지고 있습니까?
아버지 류정수 장로님은 매우 꼼꼼하고 계획적이셨으며 호기심이 많으셨습니다. 그래서 국가, 가정, 개인의 사소한 정보들을 다 아셔야 했습니다. 그러나 사위가 될 나와 연관된 가족 사항을 전혀 궁금해 하지 않으셨습니다. 결혼은 조건을 따지는 것인데 아버님은 그냥 허락해 주셨습니다. 아버님 정말 감사합니다. 하나님의 은혜였습니다. 말씀을 토대로 생활을 하시는 실천적인 믿음의 소유자이십니다.

어머니 김춘옥 권사님은 나의 가정사를 꿈으로 환상으로 보셨습니다. 사랑스런 딸을 내게 주는 것이 쉽지 않았지만 믿음으로 허락해 주셨습니다. "대학 다닐 때 배고파서 물로 배를 채운 적 있는가?"라고 물으면 나는 웃으며 "네"라고 말을 했습니다.

어머님은 한창 먹을 나이에 못 먹었다고 보약도 2제 지어 주시고 양복도 맞추어 주셨습니다. "자네는 다윗 같은 자이고 큰 아들 삼으라고 하나님이 내게 말씀하셨네" 하시며 결혼을 허락해 주셨습니다. 그리고 경제적으로 힘들 때마다 위로해 주시고 힘이 되어 주셨습니다. 어머님은 매 순간 성령님과 동행하는 분으로 말보다 행동이 앞서는 분이십니다.

처남 류근영 집사는 성경에 해박한 지식을 가지고 있을 뿐만 아니라 말씀대로 순종하며 기록된 말씀의 축복을 누리며 살고 있습니다. 또한 모든 학문에 뛰어난 지식과 정보력을 가지고 있어 사업가로서 자산가로서 탁월한 역량을 발휘하고 있습니다. 근시안인 나에게 사업적 마인드를 가지게 해 주었고 하나님의 넓고 크신 사랑과 축복을 경험할 수 있게 해 주었습니다.

처남댁 김희정 전도사님은 말씀의 은사를 가진 자로서 그분의 설교를 들을 때 마다 큰 교훈과 깨달음을 얻었습니다. 또한 그분은 하나님을 제일로 섬기고 성령님의 음성에 민감하게 귀 기울이는 큰 믿음의 소유자입니다.

사랑하는 나의 아내 류은임 집사는 하나님의 뜻에 따라 나를 선택해 준 믿음의 사람입니다. 하나님의 기업인 사랑하는 자녀 최이레, 최미나는 하나님을 경외하는 자이고 하나님 말씀에 순종하는 자입니다.

한번뿐인 소중한 인생, 가슴을 따라 살라

당신의 꿈과 소원은 무엇입니까?

나는 내 명의로 된 건설회사를 설립하여 천재건축가와 천재사업가, 천재자산가의 길을 갈 것입니다. 그래서 행복합니다.

25년간 다양하게 쌓은 기술과 노하우를 바탕으로 튼튼하고 아름다운 건물을 100채 이상 지을 것이며 대한민국에서 가장 럭셔리한 집을 만들어 분양할 겁니다.

믿음은 과거형, 현재 완료형입니다. 인생은 꿈대로 믿음대로 다 됩니다. 한번뿐인 소중한 인생, 당신도 크게 생각하고 큰 꿈과 큰 믿음을 가지십시오. 그래야 나중에 후회가 없습니다.

미국의 부동산 재벌 도널드 트럼프(Donald Trump, 1946~)는 맨주먹으로 시작해 수많은 빌딩을 지어 10조 원이 넘는 재산을 갖게 된 억만장자입니다. 그는 고액 등록비를 내고 강연장에 모인 사람들에게 "크게 생각하라. 실천하라"고 가르칩니다.

그는 자신의 말대로 크게 꿈꾸고 그것이 이루어졌다고 믿고 과감하게 실천했던 사람이었습니다. 그는 세계에 수많은 부동산을 소유하고 있고 여의도와 부산에도 트럼프 타워를 지었습니다.

그도 한 때 큰 어려움을 두 번이나 겪었지만 모두 이겨냈습니다. 한번은 92억 달러의 빚을 지고 파산 위기를 맞았고 또 한번은 18억 달러의 대출로 인한 이자 2억 2,850만 달러를 견디지 못하고 파산 위기에 처했지만 둘 다 지혜롭게 잘 극복했습니다.

사업을 하다 보면 시련이 없을 순 없습니다. 하지만 그 시련을 통해 더 크게 성장한다는 사실을 기억하고 자신감을 잃지 말아야 합니다. 주님은 "두려워 말고 믿기만 하라"(눅 8:50)고 했습니다.

나도 하나님과 함께 꿈꾸고 그것이 이루어졌다고 믿는 사업가입니다. 서울의 아직 개발되지 않은 지역, 낙후된 지역은 모두 내 밥입니다. 그곳을 개발하여 아름답고 살기 좋은 환경으로 만들 겁니다. 나는 내 이름이 박힌 최첨단 도시를 건설할 겁니다.

나는 내 건물에 건설회사 사무실과 자기계발연구소를 마련하여 많은 사람들이 나처럼 성공자의 길을 가도록 코치할 겁니다. 더불어 주택 재건축 사업, 건축 신소재 개발 연구 사업 등 사업 범위를 넓혀 갈 것입니다. 믿음은 바라는 것들의 실상입니다.

나는 시간과 공간을 초월해 이 모든 것이 이루어졌음을 조금도 의심 없이 완전히 믿습니다. 내 인생 제 2막이 열렸습니다.

"예수께서 그들에게 대답하여 이르시되 하나님을 믿으라. 내가 진실로 너희에게 이르노니 누구든지 이 산더러 들리어 바다에 던져지라 하며 그 말하는 것이 이루어질 줄 믿고 마음에 의심하지 아니하면 그대로 되리라. 그러므로 내가 너희에게 말하노니

무엇이든지 기도하고 구하는 것은 받은 줄로 믿으라. 그리하면
너희에게 그대로 되리라."(막 11:24)

크게 생각하라

초판 1쇄 인쇄 | 2015년 7월 20일
초판 1쇄 발행 | 2015년 7월 30일

지은이 | 김열방 김경란 김회식 신미화 최현주

발행인 | 김사라
발행처 | 날개미디어
등록일 | 2005년 6월 9일, 제2005-44호
주소 | 138-229 서울시 송파구 백제고분로9길 6, A동 3층
전화 | 02)416-7869, 010-2961-8865
메일 | wgec21@daum.net

ISBN 978-89-91752-51-1 03190

책값 20,000원